리더스 웨이

THE LEADER'S WAY: Business, Buddhism and Happiness in a Global World
by His Holiness the Dalai Lama and Laurens van den Muyzenberg

Copyright ⓒ His Holiness the Dalai Lama and Laurens van den Muyzenberg, 2008

세계는 지금 새로운 리더를 요구한다

리더스 웨이
THE LEADER'S WAY

달라이 라마·라우렌스 판 덴 마위젠베르흐 지음 | 김승욱 옮김

문학동네

차례

평화로운 세계를 위한 새로운 리더십

달라이 라마

승려들은 대개 사회와 거리를 두고 살아간다. 살아 있는 모든 것의 안녕과 우리 지구를 위해 기도하며 평화로이 은거하는 것이다. 나도 그런 승려지만, 티베트 망명정부에 대한 책임 때문에 전 세계 사람들과 교류해왔고, 덕분에 더 넓은 시야를 갖게 되었다. 여행을 다니면서 나는 다양한 사람들을 수없이 만났다. 가난한 사람도 있고 부자도 있었지만, 저마다 이 세상에 자기만의 자리를 갖고 있었다. 사람들은 나를 믿고 자신의 삶, 희망, 미래에 대한 걱정을 털어놓았다. 그래서 나는 사람들이 무엇을 찾아 헤매는지 잘 알게 되었다. 대부분의 사람들이 궁극적으로 얻고자 하는 것은 얼마간의 행복이다.

지금 나는 왜 이 책을 쓰는가? 세계 경제가 어떻게 작동하는

지에 대해 우리 모두 진지하게 고민하며 책임을 져야 하고, 얽히고설킨 관계망에 비즈니스가 어떤 역할을 하는지에 대해서도 관심을 가져야 한다고 생각하기 때문이다. 시대가 바뀌었다. 나는 장기적인 안목을 갖춘 종교 지도자들이 세계 경제와 비즈니스에 관한 논의에 참여해야 한다고 확신한다. 세계는 매우 심각한 문제들에 직면해 있다. 그중에서도 내가 특히 우려하는 문제들이 있다. 가난한 나라들의 빈곤을 어떻게 퇴치할 수 있을까? 어째서 부유한 나라들에서도 삶의 만족도는 1950년 이래로 높아지지 않는 걸까? 우리의 무관심과 지속적인 인구 증가, 생활수준의 향상은 환경에 얼마나 심각한 영향을 미치고 있을까? 그리고 마지막으로 세계 여러 지역에 왜 평화가 정착되지 못하고 있는가? 등이다.

불교는 이런 문제들에 대해 합리적이고 논리적인 태도를 취하기 때문에, 불교적 접근 방법은 종교가 없는 사람들도 비교적 쉽게 받아들일 수 있다. 불교는 인간적 가치관을 강조한다. 그리고 전일론全一論(세상 만물은 서로 연결되어 있고 하나의 완전한 전체를 이룬다는 사상─옮긴이)적 시각에서 사회문제에 접근하고 해결하도록 우리 스스로를 깨우치는 과정을 강조한다. 불교가 사회문제에 관한 논의에 기여할 수 있는 중요한 근거도 바로 이것이다. 속세의 윤리와 본질적이고 인간적인 가치라는 측면에서 불교의 가르침을 이해한다면, 불교는 비즈니스의 세계에도 기여할 수 있는 바가 있다. 부와 노동, 소비와 행복을 대하는 불교의 철학은 서구의 종교들과는 좀 다르다. 행복은 그저 물질적인, 혹은 여타의 욕망을 충족시키는 것이 아니다. 이것은 중요한 차이다. 행복의 근원은 우리가 욕망하는 대상이나 소유물 속에 있지 않다. 행복은 이런 것들과는 전혀 다른 곳에 있다. 행복은 우리가 무엇을 소유하거나 성취하느냐와는 무관하게, 우리가 만족할 때 생겨난다.

붓다는 인간의 자기중심적 본능이 매우 강하다는 점을 알았다. 하지만 '나'의 욕망을 채우고자 하는 본능은 결코 만족시킬 수 없는, 끝없는 순환고리라는 사실도 붓다는 알았다. 다른 사람들과 우정을 나누고 좋은 관계를 맺지 않으면 진정으로 행복해질 수 없다. 좋은 관계는 무엇보다도 상호적이다. 그저 자신의 욕망만을 채우려는 사람은 다른 사람들과 긍정적인 관계를 맺지 못한다. 이 원칙은 정부와 조직에도 해당된다. 사람들은 정부와 조직 속에서 서로 만나기 때문이다. 정부와 조직은 일자리를 만들고 부를 창출한다. 그것은 생활수준이나 인간의 행복, 혹은 이 둘을 가로지르는 문제에서 대단히 중요한 역할을 한다.

우리가 찾는 해법이 손쉽고 간단하다고 말하진 않겠다. 이 책을 쓰면서 나는 기업가들이 올바른 판단을 하기가 얼마나 어려운지 이해하게 되었다. 기업의 리더가 결정을 내리면, 그것은 전체 직원은 물론 그 회사의 제품을 사는 소비자나 협력업체 종사자들에게까지 영향을 미친다. 여러 나라에서 활동하는 거대 다국적 기업의 경우에는 이러한 문제가 특히 복잡하게 작용하기 때문에, 비즈니스에서 판단의 몫은 결정적이다. 그러므로 리더는 자질을 갖춰야 할 뿐 아니라, 바른 동기와 바른 마음을 가져야 한다. 비즈니스에 필요한 특별한 자질로 재능과 지식이 있겠지만, 그것은 이 책에서 다루고자 하는 범위 바깥의 일이다. 반면, 자신의 동기를 늘 응시하고 바로잡는 것은 불교 수행의 중요한 부분이므로, 바른 마음을 수련하는 방법으로서 자세히 다루고자 한다.

고통이란 늘 있게 마련이며, 우리가 고통을 덜어내는 걸 돕기 위해 붓다가 찾아온다는 생각이 불교철학의 바탕을 이룬다. 나의 목표도 같다. 고통은 줄이고 삶 전반에 대한 만족감은 늘리는 것. 따라서 이 책의 목표는 독자들과 지도자들이 리더십을 발휘할 때, 자신의 마음에서, 그리고 다른 사람들의 마음에서 어떤 일이 벌어지는지를 좀더 또렷하게 파악할 수 있도록 돕는 것이다. 나는 여러분이 남다른 판단을 내릴 수 있는 능력을 갖게 되기를 희망한다. 그래서 여러분과 여러분이 속한 조직, 그리고 그 판단에 좌우되는 모든 사람들이 더 나은 삶을 살아가게 되기를 희망한다.

나는 지난 50년 동안 비즈니스와 경제에 꾸준히 관심을 갖고 고민해왔다. 물론 나의 정규 수행은 온전히 종교적이고 영적인 것이었다. 어렸을 때부터 지금까지 내가 공부한 분야는 불교철학과 심리학이다. 그러나 공산당에 속한 중국인 및 티베트인들과의 관계 때문에 나는 다양한 경제체제에 대해서도 조금씩 배울 수 있었다. 그러면서 내가 기질적으로 사회주의에 가깝다는 것을 알게 되었지만, 자유시장경제가 역동적으로 괄목하게 성장하는 동안, 사회주의 국가들의 경제는 침체되어가는 것도 지켜보았다. 그래서 사회주의 경제체제의 오류는 무엇이었고 자유시장경제의 긍정적 측면은 무엇인지에 대해 관심을 갖게 되었다. 그럼에도 자유시장경제가 빈부격차를 심화시키는 경향에 대해서는 여전히 걱정이 앞선다.

1990년, 나는 세계적인 경영 컨설턴트인 라우렌스 판 덴 마위젠베르흐의 편지를 받았다. 나는 일찍이 공산주의와 불교사상을 결합시킬 공통의 테마를 찾아보면 어떨까 생각했었다. 그런데 그는 다른 의견을 내놓았다. 즉, 우리 모두가 공감하는 고민거리를 해결하기 위해 자본주의를 개선하는 방안을 생각해보는 편이 더 효율적이지 않겠느냐는 것이었다. 나는 그의 아이디어에 매력을 느껴 그를 초대했고, 그뒤로 우리는 수년에 걸쳐 자주 만났다. 그러다가 1999년, 라우렌스가 흥미진진한 제안을 했다. 그가 말하길, 조직관리법에 대한 글로벌 기업들의 관심이 점점 더 커지고 있다고 했다. 그런데 불교에는 비즈니스 리더들에게 도움이 될 만한 이론적이고 실천적인 가르침이 많이 담겨 있다. 그러니 내가 그들에게 보탬이 될 만한 이야기를 해줄 수 있을 거라고 했다. 처음부터 우리는 실용적이고 쓸모 있는 책, 비즈니스 리더들이 바른 판단을 하는 데 도움이 되는 책을 쓰기로 의견을 모았다. 비즈니스와 관련된 전반적인 설명은 라우렌스가 맡고, 나는 그가 제기한 문제에 불교의 가르침을 응용하는 법을 보여주기로 했다.

나는 라우렌스에게 전일론적으로 접근하는 것이 좋겠다고 했다. 서구의 경영 컨설턴트로서만 문제를 대할 것이 아니라, 다른 많은 관점을 두루 살펴봐야 한다는 뜻이었다. 현재 세계에서 가장 심각한 문제 중 하나는 정보의 양은 폭발적으로 늘어나는 반면, 사람들은 점점 더 전문화되고 있다는 것이다. 그래서 사회를 진보시킬 다양한 아이디어들이 어떻게 상호작용하는지 파악할 수 없게 되었다.

책을 쓰는 동안, 내가 중요하다고 생각하는 주제를 고르면 라우렌스는 자신의 경험을 토대로 동료 전문가들과 토론을 하고, 다양한 참고자료를 살펴보면서 주제에 대해 탐구했다. 뿐만 아니라 불교의 가르침을 적극적으로 실천하고 있는 리더들을 인터뷰하여 불교가 비즈니스에 어떤 효용이 있는지도 알아보았다. 이렇게 노력은 했지만, 그렇다고 우리가 정답을 모두 찾아냈다는 것은 아니다. 그래도 우리는 비즈니스 리더들이 쉽게 깨달음에 이를 수 있도록 불교의 가르침을 전하기 위해 깊이 고민했다.

나는 불교 신도 수를 늘리는 것엔 관심이 없다. 다만 다양한 종교적 신념을 가진 사람들, 또는 종교가 없는 사람들도 누구나 받아들일 수 있고 유용하게 활용할 수 있는 불교의 가르침을 전하고자 할 뿐이다.

나는 열여섯 살에 자유를 잃었고, 스물네 살에 난민이 되었다. 그리고 지금까지 살면서 수없이 많은 고비를 겪었다. 그런데도 나는 마음의 평화를 유지했다. 불교 수행을 한 덕분이다. 나는 조국이라 부르는 나라와 자신의 자유를 당연하게 여기는 많은 사람들보다 심지어 더 행복하다고 말할 수도 있다. 마음의 평화를 유지하는 힘은 온전히 내가 받은 가르침에서 비롯되었다. 그리고 마음수련을 통해 그 가르침을 실천하려고 꾸준히 노력한 덕분이다. 나는 우리의 리더들이, 비즈니스 분야는 물론 국제적인 조직에서 활동하는 많은 리더들이 이러한 수행을 실천하여, 좀 더 평화롭고 지속 가능한 지구를 만들어주기를 진심으로 바란다.

불교와 자본주의의 만남, 오늘의 딜레마를 풀다

라우렌스 판 덴 마위젠베르흐

이번 프로젝트의 주제는 두 세계의 만남이다. 내가 몸담고 있는 경영 컨설팅의 세계, 좀더 구체적으로는 글로벌 마켓과 달라이 라마의 티베트 불교의 세계가 만난 것이다. 한 분야의 전문가로 활동하면서 나는 이번만큼 짜릿함과 보람을 느낀 적이 없었다.

나는 달라이 라마가 쓴 책을 읽다가, 한 인도 철학자가 공산주의와 불교의 공통분모를 찾으려고 애쓰고 있다는 글을 보고, 달라이 라마에게 편지를 썼다. 나는 불교와 자본주의를 결합시키는 편이 더 쉬울 거라고 했다. 그런데 놀랍게도 달라이 라마가 내게 답장을 보내주었다. 나를 인도로 초대한 것이다. 그래서 1991년부터 2000년까지 나는 해마다 달라이 라마를 만났고, 자진해서 미미하게나마 컨설팅을 해주었다. 그중에는 티베트 망명정부를 위한 전략 세미나도 있었다.

시작할 때만 해도 나는 불교에는 문외한에 가까웠다. 달라이 라마도 경제학이나 비즈니스 세계에 대한 경험이 일천하긴 매한가지였다. 사회주의 체제나 마르크시즘에 대해서는 공부했지만, 자유시장경제 체제를 접할 기회는 별로 없었기 때문이다. 그래서 내가 경제 각 분야의 주제에 대해 간략하게 강의를 하면, 달라이 라마는 그의 시각으로 그 주제에 관해 논평을 하기로 했다.

우리는 비즈니스의 여러 기초적인 부분에 대해 이야기를 나눴는데, 불교와는 별 관련이 없었다. 하지만 얼마 지나지 않아 달라이 라마는 더 큰 그림을 보고자 했다. 그는 비즈니스가 사회에서 어우러지는 과정과 '기업의 책임'이라는 말의 진정한 의미를 이해하고 싶어했다. 달라이 라마는 말했다. "나는 비즈니스에 대한 전일론적인 시각을 갖고 싶습니다." 7년여를 교우하면서 우리는 불교의 가르침과 뛰어난 서구 사상가들의 철학 속에서 비즈니스의 딜레마에 더 훌륭하게 대처하는 방법을 찾아냈다. 이 책은 그 노력의 결과물이다.

불교와 자본주의는 각각 복잡한 체계지만, 『리더스 웨이』는 불교와 자본주의의 실용적인 원칙들을 탐구한 책인 만큼, 어쩔 수 없이 단순화한 부분이 있다. 한편, 이 책의 구성은 개인에서 출발해, 기업과 조직으로 이어지고, 나아가 사회 전반으로 확장된다. 단계마다 우리가 가장 역점을 둔 것은 리더십이다. 최고경영자나 결정권자만이 변화를 창출해내는 리더는 아니다. 어떤 위치에 있든 누구나 자기 마음속에서 리더를 찾아내고, 이 책의 원칙들을 실천하면 좋을 것이다.

1부 '자신을 이끌기'는 불교의 기초를 설명하고, 불교를 잘 모르는 사람이 어떻게 하면 불교의 가르침을 삶의 모든 측면에 응용할 수 있는지를 보여준다. 우리는 정신 활동을 향상시키는 정신 운동의 개발은 물론 바른 판단을 내리는 일의 중요성을 강조했으며, 불교의 기본 개념들 중 일부를 소개했다.

2부 '조직 이끌기'에서는 1부에서 소개된 아이디어와 가치들이 비즈니스 세계에서 어떻게 응용될 수 있는지를 살펴본다. 조직의 리더는 의사결정과 정책수립, 그리고 그 과정에 온정, 연민, 윤리를 통합시켜야 한다. 그리고 기업은 인격을 갖춘 리더를 찾아야 한다.

3부 '서로 연결된 세계의 리더'는 불교의 가치들을 전 세계적으로 적용하는 방법을 모색하며 빈곤, 지속 가능성, 다양성, 환경에 대한 책임 등 중요한 주제들을 다룬다. 이런 이슈들을 바라보는 우리의 시각이 아주 조금만 바뀌어도 희망과 가능성이 생겨날 수 있음을 보여주고자 한다.

오늘날 세계는 수많은 난제에 부딪혀 있다. 총자산은 엄청나게 증가했고, 기적에 가까운 기술 발전은 다양한 혜택을 가져다주었다. 하지만 아직도 수십억의 사람들이 절대빈곤에 시달리고, 환경 재앙이 우리를 압박하고 있다. 잘사는 나라의 국민들조차 미래를 불안해한다. 이런 문제들을 해결하기 위해서는 새로운 리더십이 필요하다. 사물의 본질을 꿰뚫어보고 전일론적으로 매듭을 풀어갈 리더. 이 책은 바로 그 리더에 대한 이야기다.

진정한 리더는 하나의 문제를 여러 관점에서 볼 수 있고, 폭넓은 시야를 바탕으로 바른 판단을 내릴 수 있어야 한다. 진정한 리더는 침착하고, 평온하며, 마음의 중심을 놓치지 않는다. 부정적인 생각이나 감정에 흔들리지 않고, 잘 단련되어 있으며, 초점이 분명하다. 진정한 리더는 변화는 피할 수 없으며 보편적인 책임감이 절실하다는 사실을 인식하고, 경제와 도덕적 가치를 조화시키는 일이 얼마나 중요한가를 안다. 이것이 바로 리더의 길이다.

달라이 라마와 나는 온 마음을 다해 소망한다. 모든 사람이 더 나은 세상에서 살 수 있도록 우리의 리더들이 좀더 훌륭한 결단을 내릴 수 있게 되기를.

· 제1부 ·

자신을 이끌기

먼저 자신의 리더가 되라

 나 자신의 리더가 되는 순간,
세상의 리더가 된다

CHAPTER 01

바른 눈을 갖는다

Taking The Right View

존재의
세 가지 속성

불교는 지극히 수동적인 종교라고 오해하는 사람
들이 있다. 물질의 세계를 등지고 숲으로 들어가
참선이나 하라고 가르친다는 것이다. 그러나 불교의 안거安居
는 승려와 비구니들의 수행을 위해 고안된 것이다. 철학으로서
의 불교는 고전적인 주제들을 다룬다. 진리란 무엇인가? 우리
는 어떻게 그 진리를 알 수 있는가? 삶의 목적은 무엇인가? 우
리가 살고 있는 우주는 무엇인가? 인간의 본성은 무엇이고, 의
무는 무엇이며, 운명이란 또 무엇인가? 무엇이 선이고, 무엇이

악인가?

하지만 불교가 가장 강조하는 것은 바로 바른 일이다. 즉, '나는 무엇을 해야 하는가?'를 물어야 하는 것이다. 불교는 '바른 눈正見'과 '바른 일正業'이라는 두 개념으로 요약할 수 있다. 바른 눈은 바른 일로 이어지지 않으면 아무 소용이 없다. 그리고 바른 일을 행하는 것은 성공적인 비즈니스에서 무엇보다 중요한 원칙이다. DALAI LAMA

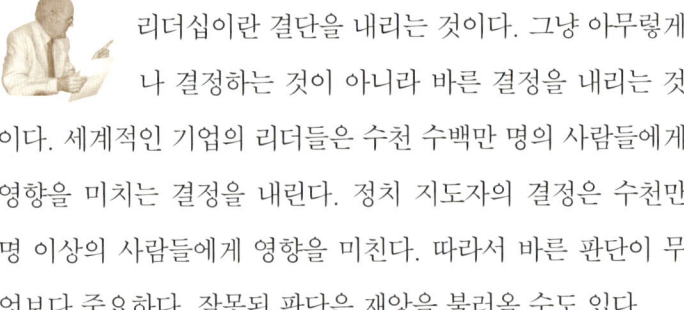
리더십이란 결단을 내리는 것이다. 그냥 아무렇게나 결정하는 것이 아니라 바른 결정을 내리는 것이다. 세계적인 기업의 리더들은 수천 수백만 명의 사람들에게 영향을 미치는 결정을 내린다. 정치 지도자의 결정은 수천만 명 이상의 사람들에게 영향을 미친다. 따라서 바른 판단이 무엇보다 중요하다. 잘못된 판단은 재앙을 불러올 수도 있다.

불교는 바른 결정을 내리는 사람을 진정한 리더로 본다. 바른 결정을 내리려면 바른 눈을 가져야 한다. 달라이 라마의 말처럼 "침착하고, 평온하며, 마음의 중심을 놓치지 않는" 사람이 되어야 한다. 부정적인 생각이나 감정에 흔들리지 않고, 마음을 닦는 일에 최선을 다하며, 목표가 분명해야 한다. 이번 장의 목적은 불교철학의 핵심적인 개념 몇 가지를 소개하고, 그 개념들을 적용했을 때 우리의 삶과 조직이 얼마나 나아질 수 있는지 보여주는 것이다.

바른 결정을 내리기 위해 리더는 마음을 닦아야 한다. 불교는 누구나 마음수련을 결심할 수 있다고 말한다. 그리고 마음수련을 통해 자기 자신은 물론 다른 사람들까지 행복한 삶으로 이끌 수 있다. 바르게 생각하고 바른 일을 하는 것은 마음수련의 시작이다. 그런데 바른 일을 하려면 먼저 바르게 생각해야 한다.

바르게 생각한다는 것은 내가 하려는 일이 바른 목적과 동기에서 나온 것이 확실한가를 심사숙고한다는 뜻이다. 바른 목적은 내가 하려는 일이 나 자신은 물론 그 일에 영향받는 모든 사람을 유익하게 하는 것을 뜻한다. 개인적으로든 기업 차원에서든, 나와 남의 행복을 모두 배려하는 것이다.

바른 눈의 첫번째 요소가 바른 목적이라면, 두번째 요소는 존재의 세 가지 속성을 깨닫는 것이다. 영원한 존재는 없으며 모든 것은 변한다. 홀로 존재하는 것은 없다. 원인 없이 존재하는 결과는 없다. 누구나 아는 얘기 같지만, 정작 결정을 내려야 할 때 사람들은 이것을 쉽게 잊어버린다.

상호의존과 지속적 변화는 서구의 시스템 사고思考에서도 기반이 된다. MIT의 많은 학자들이 이 분야에서 지금까지 크게 기여했다. 조직 학습 분야의 피터 센지, 시스템 역학 분야의 제이 포리스터, 인간의 인지능력에 대해 '마음의 사회Society of Mind' 이론을 내놓은 마빈 민스키 등이 그들이다. 머리 겔만, 케네스 애로 등 많은 노벨상 수상자를 보유하고 있는 뉴멕시코의 산타페 연구소는 지금도 경제 사회 등 복잡한 시스템의 작동방식에 관한 이해를 진척시키고 있다. 이들은 모두 똑같은 경로를 따른다. 결과가 무엇인가? 원인과 결과가 어떻게 상호작용하는가? 우리는 '전일론적'이라는 단어를 시스템 사고와 비슷한 뜻으로 사용할 것이다.

바르게 생각하려면 침착하고, 평온하며, 마음의 중심을 놓치지 않아야 한다. 분노, 질투, 두려움, 자신감 부족 등으로 마음이 흔들리면 불안해지고 능률도 떨어진다. 그렇게 되면 현실을 제대로 볼 수도 없다. 침착하고, 평온하며, 중심을 잘 잡은 마음상태를 유지하지 못하는 것이다. 따라서 마음을 챙기는 능력을 길러야 한다. '마음 챙기기正念'는 어떤 상황에서 마음에 부정적인 감정이 일어나는지를 아는 것이다. 여기에는 부정적인 감정이 마음을 지배하는 것을 제어하는 능력도 포함된다. 바른 눈으로 결정을 내리려면 자기 마음을 장악해야 한다. 이렇게 마음을 훈련하는 법을 뒤에서 설명하겠다.

바른 눈은 결정 뒤에 숨어 있는 의도와 관련되어 있다. 불교의 또다른 개념인 바른 일은, 그 결정의 결과로서 기업과 직원들이 취하는 행동의 질을 가리키는 말이다. 우리는 행동을 할 때마다 그 행동이 다른 사람들에게 미치는 영향을 고려해야 한다. 바른 일에 관해서는 2장에서 자세히 설명하겠다.

『리더스 웨이』는 기업의 결정에 바른 눈과 바른 일의 원칙을 적용한다는 점에서 독특하다. 조직은 그에 속한 개인들의 합보다 클 수도, 작을 수도 있다. 조직이 더 큰 것은 개인이 혼자서는 할 수 없는 많은 일을 할 수 있기 때문이다. 그리고 조직이 더 작은 것은 개인이 사생활, 가족, 친구가 있으며, 동시에 다른 집단의 구성원이기 때문이다.

바른 눈과 바른 일을 실천하는 것이 쉽다고 말할 생각은 없다. 쉽지 않기 때문이다. 완벽해지는 것은 대부분의 사람에게 능력 밖의 일이다. 우리가 말하려는 것은, 누구나 원한다면 자기 마음과 행동을 수련할 수 있다는 점이다. 조직 또한 마찬가지다. 크든 작든, 민간 조직이든 공공 조직이든, 자선단체나 비영리단체나 NGO도 마찬가지다.

이 책은 종교로서, 또는 삶의 방식으로서 불교를 다루지 않는다. 모든 종교는 훌륭하고 책임 있는 삶을 살아가는 데 도움이 되는 가치들을 갖고 있다고 달라이 라마는 생각한다. 또한 종교를 전혀 믿지 않는 사람도 훌륭하고 책임 있는 삶을 살 수 있다고 믿는다. 그러므로 누구나 이 책에 소개된 원칙들을 받아들이고 실천할 수 있을 것이다. MUYZENBERG

리더란
어떤 사람인가

 얼핏 생각하기에 비즈니스와 불교는 서로 거리가 멀어 보인다. 하지만 둘 다 행복을 중요시한다는 공통분모가 있다. 직원, 고객, 주주에게 행복을 주지 못하는 기업은 결국 무너진다. 붓다의 수행과 설법은 사람들이 행복하지 못한 원인을 찾아내고 고통을 덜어줄 방법을 찾기 위한 것이었다. 그리고 붓다는 고통의 근원이 '이기본위利己本位'라는 결론에 이르렀다. 붓다는 이것이 자연의 법칙이라고 했다.

이기본위는 부정적인 생각의 원인이다. 그런 생각을 하는 사람은 자기가 다른 사람들에게 어떤 영향을 미치는지 관심이 없다. 속임수, 거짓말, 나쁜 의도, 공격성, 분노, 오만, 시샘, 앙심, 화 등이 모두 부정적인 생각 또는 감정이다. 이런 것들을 줄이면 다른 사람들과의 관계도 금세 좋아진다. 당연한 일이다! 사람들은 자기밖에 모르는 사람보다는 상대를 배려하는 사람과 사귀고 싶어한다. 그런데 이것을 깨닫지 못하는 사람이 아주 많다. 그런 사람들은 누군가를 만났을 때 상대에게는 조금도 관심을 보이지 않는다. 그저 자신의 생각만을 강요하고, 자기 생각이 우월하다고 납득시키려 한다.

부정적인 생각과 감정이 불러오는 손해를 알고 나면, 그것을 통제하는 것이 얼마나 유리한지도 깨닫게 된다. 이때 유용한 것이 '조기 경보 시스템'이다. "내 마음이 부정적인 영역으로 들어서고 있다. 조심하라. 생각과 감정의 고삐를 놓치지 마라." 이렇게 경고해주는 내면의 목소리를 갖춰야 한다. 무엇보다 중요한 것은, 스스로에게 이렇게 말하는 것이다. "명심하라. 부정적인 생각이 아주 강할 때는 중요한 결정이나 돌이킬 수 없는 결정을 내리지 마라."

부단히 노력하면 부정적인 생각과 감정이 더이상 고개를 들지 않는 단계, 또는 아주 가끔씩만 고개를 드는 단계에 도달할 수 있다. 그러기 위해서는 오랜 시간 노력해야 한다. 그러면 보상도 그만큼 커진다. DALAI LAMA

달라이 라마의 말에서 우리는 불교의 가르침에 어떤 가능성이 숨어 있는지, 그것을 어떻게 비즈니스에 적용할지 짐작할 수 있다. 비즈니스와 불교의 이치들은 언뜻 서로 짝을 이루기 어려울 것처럼 보인다. 생산, 이윤, 성장을 최우선시하는 비즈니스의 세계는 타인에 대한 연민, 인류와 지구의 행복 등을 중요하게 여기는 불교와는 상반된다. 하지만 조금만 가까이 들여다보면 비즈니스나 불교 모두 행복과 바른 결정을 중요시한다는 것을 알 수 있다. 비즈니스와 불교

는 그다지 어색한 짝이 아니다. 사실 이 둘이 힘을 합치면, 우리 시대의 가장 중요한 문제들 중 몇 가지를 해결할 수도 있다. 이 책의 전제도 바로 이것이다.

세계 경제 시스템이 한순간에 전면적으로 바뀌기를 기대하는 것은 비현실적이다. 개인과 개별 기업들이 먼저 점진적으로 변해야 한다. 리더란 사람들이 변화하는 방향을 바꿔놓을 수 있는 사람이다. 기업, 정부, 비영리단체의 리더들이 모두 마찬가지다. 우리가 말하는 리더는 조직의 정점에 있는 사람이 아니다. 리더는 지위에 상관없이 어디에나 있다. 다만, 맨 위에 있는 리더가 바른 길을 택하지 않으면, 그 아래에 있는 리더들도 바른 길을 갈 수 없으며, 가지도 않을 것이다.

리더는 함부로 결정을 내리지 않는다

바른 눈은 두 부분으로 구성되어 있다. 의사결정 과정과 세 가지 가치, 즉 결정을 내릴 때 항상 존중해야 하는 개념들. 리더는 항상 결정을 내려야 하는 위치에 있다. 어려운 결정을 앞둔 리더는 자신의 눈이 아니라, 자신의 결정에 좌우되는 모든 사람들, 조직, 회사의 눈으로 문제를 바라보아야 한다. 결정 과정이 최선의 길을 따르고 있는지 고민해야 하는 것이다. 바른 눈으로 결정한다는 것은 매사에 자신의 결정이 어떤 결과를 낳을 것인가를 심사숙고하는 것이다.

결정 과정에서는 하고자 하는 행동의 진짜 목적을 살피는 것이 최우선이다. 목적은 반드시 바른 것이어야 한다. 적어도 그 결과가 다른 사람에게 해가 되어서는 안 된다. 경우에 따라 하나의 행위로 득을 보는 사람과 어쩔 수 없이 손해를 보는 사람이 생길 수 있다. 그럴 때 리더는 창의성과 혁신적인 아이디어를 통해 그 손해를 되도록 줄여야 한다. 이 책에서 우리는 올바른 결정 과정의 사례를 많이 제시할 것이다.

두번째로 살펴야 할 요소는, 리더의 마음상태이다. 또 결정 과정에 참여하는 다른 모든 사람들의 마음상태도 최대한 고려해야 한다. 결정을 내리는 사람은 마음에 부정적인 영향을 미치는 요소들, 가령 방어적인 태도나 화가 어디서 비롯되었는지를 알아야 한다. 그래서 침착하고, 평온하며, 마음의 중심을 놓치지 않는 상태로 되돌아가야 한다.

결정의 마지막 순간, 리더는 스스로에게 물어야 한다. 이 결정이 나의 조직과 조직에 연결되어 있는 사람들에게 이로운 것인가? 지금 나는 나만의 이익을 꾀하는 것은 아닌가? 다른 사람들에게 돌아갈 혜택을 생각해보았는가?

결정 과정에서 '원인과 결과'의 상관관계를 이해하려면 연기

緣起, 상호의존, 무상無相이라는 불교의 개념을 알아야 한다. 달라이 라마는 이 개념들을 다음과 같이 설명한다. MUYZENBERG

 연기란 인과법칙을 가리키는 불교용어다. 이것은 원인과 결과, 또는 행위와 그 영향이라고 표현하기도 한다. 원인이 없으면 결과도 없고, 저절로 일어나는 일이란 존재하지 않는다.

새로울 것이라곤 전혀 없는 법칙이다. 하지만 이 법칙을 깊이 이해하면 많은 것이 달라진다. 어떤 결정은 변화의 시작이다. 그리고 그 변화는 수많은 반응을 불러일으킨다. 그중에는 긍정적인 것도 있고 부정적인 것도 있을 것이다. 하지만 결정을 내리는 사람이 제아무리 유능해도, 또 마음수련을 아무리 오래 했어도, 자신의 행동이 미칠 영향을 모두 예측할 수는 없다. 그렇더라도 바른 목적을 가진 리더가 자신의 결정이 불러올 영향을 두루 살핀다면 실수를 줄일 수 있다.

이런 맥락에서 중요한 원칙이 두 가지 더 있다. 사물의 본질을 꿰뚫어보고, 다른 사람의 시각과 여러 각도에서 결과를 바라보는 것. 이 원칙들의 응용에 대해서는 다시 설명할 것이다.

서구철학의 인과율과 불교철학의 연기론 사이에는 작지만 흥미로운 차이가 하나 있다. 연기는 원인과 결과 사이의 과정을 강조한다. 과정을 탐구하면, 그 결과를 불러온 조건들뿐만 아니라, 애초에 원인이 된 일이 벌어지게 된 조건에도 관심이 생긴다. 결정이 성공적인 것이었는가를 판가름하는 조건은 여러 가지다. 따라서 이 조건들을 분석해보아야만 한다. <small>DALAI LAMA</small>

 나는 달라이 라마에게 연기론과 관련해 직접적인 예를 하나 들었다. 한 회사의 고위급 중역이 규모도 훨씬 작고 실적도 낮은 다른 회사의 중역보다 더 적은 연봉을 받는다는 사실을 알게 되었다고 하자. 당연히 그는 자기가 부당한 대우를 받고 있다고 결론지을 것이다(자기보다 덜 성공한 사람이 더 많은 보수를 받는다는데 아무렇지 않다면 그게 오히려 이상한 일이다). 순식간에 그의 머릿속은 '대체 내가 뭘 어떻게 해야 하지?'라는 질문으로 가득 찰 것이다. 그가 바른 눈과 바른 일의 원칙을 모르는 사람이라면 당장 회사에 이의를 제기할 것이다. 자기가 제대로 대접받지 못하고 있으니 컨설턴트를 시켜 상황을 분석하고 정당한 연봉을 계산해달라고 말이다. 그는 자신의 그러한 행동이 다른 사람들에게 어떤 영향을 미칠지는 신경 쓰지 않는다.

한편, 바른 눈과 바른 일의 이치를 아는 리더, 즉 마음수련을 한 리더(이에 대해서는 2장과 3장에서 더 자세히 설명할 것이다)

는 다르게 생각한다. 그는 이런 의문을 품는다. '내가 탐욕에 흔들리고 있는 건 아닐까? 나만 생각하는 이기본위의 길을 가고 있는 건 아닐까?' 경우에 따라 그는 그 자리에서 바로 멈춰 설 수도 있다. 또는 계속 앞으로 나아가되 아주 신중을 기하게 될 수도 있다. 그는 자신이 편안하게 생활하는 데 필요한 액수보다 훨씬 많은 돈을 받고 있다는 사실을 곰곰이 생각해본다. 그러다 보면 비슷한 처지의 대다수 직장인들이 흔히 하는 생각이 슬며시 그의 머릿속을 파고든다. 예를 들면, 아스펜에 스키 별장이 하나 있으면 어떨까 하는 생각. 하지만 계속 이런 생각을 하면 질투로 마음이 산란해지리란 걸 깨닫는다. 그래서 이렇게 자문한다. '내 요구가 회사의 다른 사람들에게 어떤 영향을 미칠까?' 그는 부정적인 생각과 감정을 경계하는 사람의 전형적인 모습이다. 그는 회사가 최근에 정리해고를 단행했음을 떠올리며 자문한다. '내가 돈을 더 달라고 하는 것이 공정한 일일까? 그러면 직원들의 사기가 떨어지지는 않을까?' 이렇게 스스로에게 질문을 던지며 자신의 행동이 다른 사람에게 미칠 영향을 살피는 과정은 그가 마지막 결정을 내릴 때까지 계속된다.

그는 자신의 연봉이 부당하다고 회사에 건의하기로 결심할 수도 있고, 그러지 않을 수도 있다. 하지만 어떤 결정을 내리든, 마음수련을 한 사람은 먼저 자신의 행동이 미칠 영향을 따져본다. 그리고 자신이 이기본위의 본능이나 질투 같은 감정에 휘둘리는 것은 아닌지 항상 경계한다.

물론 기업 차원의 문제로 확대되면, 결정은 중역 한 사람의 사례보다 훨씬 더 복잡해진다. 기업이 결정을 내릴 때는 재정적인 위험이나 기업 이미지는 물론, 그 결정이 직원들과 관련 업계 종사자들에게 미칠 영향이 얼마나 이로울지 철저히 따져 보아야 한다. MUYZENBERG

우리는 저마다
그물망의 보석

 상호의존은 인과율의 다른 측면이다. 원인 없는 결과는 없고, 모든 원인은 다양한 결과를 낳기 때문에, 각각의 현상들이 상호의존적인 것은 당연하다. 상호의존이란 우리가 서로에게 연결되어 있다는 뜻이다. 나의 모든 행동은 나 자신과 타인에게 영향을 준다. 내 행동이 다른 사람들에게 영향을 주고, 내 행동에 대한 다른 사람들의 반응이 또 내게 영향을 준다. 이런 과정이 한없이 이어진 사슬처럼 계속된다.

기업은 상호의존적인 조직의 대표적인 예이다. 기업은 고객, 직원, 주주, 유통업자, 정부 정책, 정치적 상황에 의존적이다.

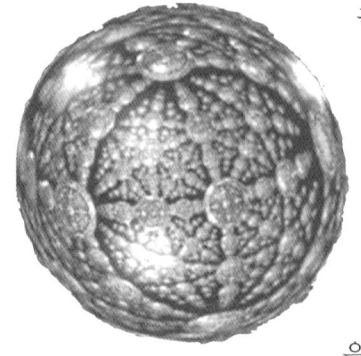

끝없이 연결된 고리 속에서 서로 행동하고 반응하는 것이다.

인드라의 보석그물은 상호의존을 아름답게 보여준다.[1] 인드라는 힌두교에서 우주의 신이다. 그는 공 모양의 그물을 사용했는데, 이 그물망의 매듭은 모두 보석으로 되어 있다. 하나의 보석이 빛을 내뿜으면, 그 빛이 다른 모든 보석들에 반사된다. 이렇게 반사된 빛은 처음 빛을 내뿜은 보석으로 돌아갔다가 다시 반사된다. 상상해보라. 우리들 각자는 이 보석들 중 하나다. 나와 다른 사람들과 그물 전체가 상호의존적인 시스템 속에서 끊임없이 변화하고 있는 것이다.

리더는 자신이 다른 사람들과 의존관계에 있음을 안다. 하지만 얼마나 의지하고 있는지 충분히 깨닫지 못하는 경우가 많다. 특히 고객이나 미디어처럼 자신의 통제영역 바깥의 반응에 대해서는 더욱 그러하다. 하지만 뛰어난 리더는 그들과 상호작용하는 것이 좋은 기업 이미지를 얻는 데 중요하다는 점을 분명하게 인식한다. 한 번이라도 심각한 실수를 저지르면 실추된 명성을 다시 쌓는 데는 수십 년이 걸린다. DALAI LAMA

목표는 끊임없이 움직이는
과녁이다

 무상은 인과율의 또다른 논리적 귀결이다. 헤아릴 수 없이 많은 원인과 결과가 있다면, 영원히 변하지 않는 것도 없고, 이유 없는 존재도 없다. 이런 생각을 하다 보면 몹시 혼란스러워진다. 불교 문헌에서 무상은 '공空'이라고 되어 있기 때문이다. 공이란 '본래부터 정해진 존재는 없다'는 말을 줄인 것이다. 원인 없이, 철저하게 스스로 존재하는 것은 없다는 뜻이다. 달리 말하면, 원인과 결과의 그물 속에서 작동하는 과정만 있을 뿐이다. 사람들은 이것이 진실임을 알지만 반기지는 않는다. 사람들은 영원히 만족스러운 상태를 원하기 때문이다.

기업의 리더들도 똑같은 실수를 자주 저지른다. 목표를 정하고서 그 지점에 도달하면 영원히 만족스러운 상태가 계속되리라는 희망을 품는 것이다. 그런 일은 불가능하다. 목표는 끊임없이 움직이는 과녁이다.

리더만이 아니라 모든 사람이 꼭 알아야 할 것이 있다. 목표를 향해 가는 도중에 수만 가지 사건이 벌어진다는 것. 그래서 변화하지 않고서는 만족이라는 안정된 목표에 도달할 수 없다는 것. 그리고 그 변화는 즐거울 수도, 그다지 유쾌하지 않을 수도 있다는 것. 우리는 모두 현실을 직시하고 끊임없이 계획을 수정해야 한다. 현대사회가 던지는 가장 어려운 문제 중 하나는 점점 빨라지는 변화의 속도에 어떻게 대처할 것인가이다. 오랫동안 성공해온 기업이라고 해서 끝까지 성공하리라는 보장은 없다. DALAI LAMA

무상(혹은 '끝없는 변화')은 비즈니스 세계 어디서나 확인할 수 있다. 기업의 리더들은 무상이란 말을 입에 달고 산다. 헬시 컴퍼니스 인터내셔널의 창업자인 로버트 H. 로젠은 이렇게 말한다.

"아시아를 여행하는 동안에 만난 무상이라는 불교의 개념은 나에게 특별한 충격을 주었다. 이에 따르면, 변화는 사물의 자연스러운 상태이고, 살아 있는 모든 것은 성장하고 소멸하며, 불확실성과 불안은 근본적으로 삶의 일부이다. 무상을 이해하고 나니, 내가 만나는 리더들이 사무실 밖의 한 사람, 개인적인 포부와 약점과 두려움을 지닌 진짜 사람으로 보이기 시작했다. 그리고 우리 모두는 많든 적든 불안을 안고 살아가는 존재라는 사실을 깨달았다."[2]

기업의 생명은 혁신이다. 그래서 회사 분위기를 일신하고, 제품의 브랜드를 바꾸고, 세계 시장에서 경쟁력을 유지하며 변화하는 소비자의 요구를 만족시킬 방법을 찾는다. 비즈니스 세계는 무상의 이치가 잘 드러나는 곳이다. 그런데 기업가들은 이것을 알면서도 너무 느리게 반응하곤 한다. 혁신의 물결을 따라잡지 못하고, 신제품을 너무 늦게 내놓는 것이다. MUYZENBERG

 기본적으로 같은 개념을 어째서 세 가지나 늘어놓는지 의아해할 독자도 있을 것이다. 수천 년에 걸친 경험에 따르면, 각각의 개념들이 마음의 각각 다른 부분을 활성화시키기 때문에 우리는 현실을 더 속속들이 이해할 수 있게 된다. 한번 직접 시험해보라!

불교의 사유는 숙명론적이지 않다. 불교는 세상이 더 나쁘게 변하더라도 그냥 받아들이라고 하지 않는다. 오히려 그 반대다. 끊임없는 변화에 주목하고, 부정적인 변화는 초기에 막으려고 애쓴다. 그러면 부정적인 변화를 피할 수 있을 뿐만 아니라, 심지어 그것을 건설적인 기회로 바꿀 수도 있다고 말한다. 비즈니스에서도 마찬가지다. 리더는 변화에 대처하는 적극적인 방법을 부단히 모색해야 한다. DALAI LAMA

 연기, 상호의존, 무상이라는 세 가지 개념을 머리로 아는 것만으로는 충분하지 않다. 불교는 '깨달음'을 강조한다. 이 세 가지 개념을 마음으로 느껴야 하고, 마음의 일부로 받아들여야 한다.

이 세상을 살아가는 한, 우리는 어떻게든 문제와 맞닥뜨리게 되어 있다. 그럴 때마다 희망을 잃고 낙담한다면, 어려움에 맞서는 능력은 퇴화하기 마련이다. 나뿐만 아니라 모든 사람이 고통을 겪는다는 사실을 잊으면 안 된다. 이런 현실적인 태도 덕분에 시련을 이겨내는 능력과 의지도 강해질 것이다. 심지어 이런 태도로 접근하면, 새로운 장애물이 마음을 단련할 또 한 번의 소중한 기회로 보일 수도 있다.

우리의 목표는 비즈니스 리더들을 돕는 것이다. 그들이 하나의 사안을 다양한 시각에서, 단기적·장기적 시각은 물론 여러 이해당사자들의 눈으로 볼 수 있는 능력을 키워 더 넓어진 시야로 바른 결정을 내리는 데 도움이 되고 싶다.

변화에 대처하는
리더의 자세

현실을 온전히 이해하기 위해서, 상황을 있는 그대로 보고 인정하기 위해서는 바른 눈을 가져야 한다. 그리고 화나 시기심 같은 부정적인 감정을 확실히 제어해야 한다. 이것이 불교의 사고방식이다. 그런데, 현실을 바로 보는 것을 가로막는 증상이 두 가지 있다. 하나는 자기가 보고 싶은 대로 보는 태도이고, 다른 하나는 지나간 문제에 집착하는 태도이다.

보고 싶은 대로 보는 태도는 비즈니스에서 아주 흔하게 나타난다. 시장은 기업가에게 진보와 자신감을 요구한다. 비관적인 사람은 비즈니스에서 성공하기 어렵다. 그렇지만 많은 사람들이 성공에 대한 갈망 때문에 부정적인 정보는 일단 거부하고 본다. 일하는 과정에서 문제가 발생했는데도 상사에게 보고하지 않고 오랫동안 미적거리는 것이 좋은 예이다. 사람들은 그러는 사이에 문제가 저절로 사라져 상사에게 나쁜 소식을 전하러 가지 않게 되기를 바란다. 동료가 뇌물수수 같은 심각한 부정행위를 저지르더라도 상사에게 보고하기를 꺼린다. 자기까지 문책을 당할까봐 두렵기 때문이다. 또 이런 걱정이 현실이 되는 경우도 많다. 상황이 이렇다보니, 최고경영진은 손쓸 수 없을 만큼 상황이 심각해진 뒤에야 문제를 알게 되기 일쑤다.

"좋은 소식은 천천히 퍼뜨리고, 나쁜 소식은 빨리 퍼뜨려라." 이것은 네덜란드 최대의 개인 기업인 SHV Holding NV[3]의 사훈이다. 이렇게 해야만 상황이 정말로 심각해지기 전에 잠재적인 문제를 파악할 수 있다. 이런 기업 마인드는 너무 늦기 전에 현실을 파악하는 데 효과적이다.

지나간 문제에 집착하는 태도는 과거의 경험을 현재에 적용하려는 것이다. 부정적인 생각에 사로잡혀 옴짝달싹 못 하면 지나간 일 때문에 흥분하고 화내느라 많은 에너지를 낭비하게 된다. 수많은 비즈니스맨들이 자신이나 회사가 예전에 당한 억울한 사건에 연연하느라 에너지를 소모한다. 하지만 과거를 현재인 양 붙들고 늘어지는 것은 비생산적이며 시간낭비일 뿐이다.

태국 워킹 다이아몬드사의 CEO인 티티나르트 나 파탈룽의 이야기를 들어보자. 그녀는 사업가로 큰 성공을 거뒀지만 동업자의 사기에 넘어가 한순간에 모든 것을 날려버린 적이 있었다. 그녀는 심한 우울증과 화병으로 앓아누웠다. 그러자 친구가 명상 강의를 권했다. 처음 명상을 했을 때, 그녀의 마음속에 맨 먼저 떠오른 것은 사기꾼 동업자의 얼굴이었다. 그녀는 맹렬한 분노에 휩싸였다. 마음이 가라앉은 뒤 그녀는 자신의 생각이 어떻게 움직였는지를 분석해보았다. 그 덕분에 실체가 없는 마음속의 허상을 현실인 양 생각했다는 걸 깨달았다. 마음속에서 배신당한 경험을 끝없이 반추하고 있었던 것이다. 지나간 일 때문에 화내는 것은 깨진 유릿조각을 손에 쥐고 피가 나도록 움켜쥐는 것과 같다고 그녀는 말한다. 손에 힘을 줄수록 피는 더 많이 흘러나온다. 자신의 화가 마음속에만 있다는 사실을 깨달은 덕분에 그녀는 과거에 대한 분노를 없애버릴 수 있었다. MUYZENBERG

긍정적인 변화를
이끌어내라

 결정을 내리는 가장 큰 이유는 무언가를 변화시키기 위해서다. 변화는 하나의 상황이 다른 상황으로 바뀌는 것이라고 흔히들 생각한다. 그러나 이것은 위험할 정도로 단순한 생각이다. 현재의 상황은 수많은 원인과 조건에서 비롯되었으며, 또 수많은 원인과 조건에 의존하고 있다. 상황은 항상 변하기 때문에 무상하다. 이러한 상호의존과 상호연관성을 깨닫고 나면, 우리 마음에는 겸손이 자리잡는다. 마음이 겸허해지면 성공적인 변화를 이끌어내는 것이 얼마나 어려운 일인지 알게 된다. 또 편협한 시각이 아니라 전일론적으로 변화를 바라보게 된다. 즉, 결정을 내리기 전에 다양한 각도에서 결과를 예측해보게 되는 것이다. 그리고 무상을 인정하면

자신의 결정이 어떻게 실행되고 있는지 더 엄격하게 응시하게 된다.

바른 눈의 이치는 이해하긴 매우 쉽지만, 제대로 적용하려면 노련함이 필요하다. 상황은 언제나 다르기 때문에, 어디에나 적용되는 정답은 없다. 이치를 파악하는 것은 첫걸음일 뿐이다. 리더는 그 밖에도 많은 것을 생각해야 한다. 상충하는 목표들을 조화시켜야 하고, 단기적인 결과와 장기적인 결과를 가늠해야 하며, 다양한 이익집단을 고려해야 한다. 이런 원칙들을 실행에 옮기려면 훈련을 해야 한다. 그래야 노련해질 수 있다.

바른 눈으로 보기는 이 책에 소개된 여러 이치들의 기본 바탕이다. 잘못된 눈으로는 긍정적 변화를 이끌어낼 수 없다.

다음 장에서는 바른 눈의 이치를 그와 짝을 이루는 바른 일과 결합시키는 법을 설명하고, 자신의 특별한 상황과 자신에게 효과가 있는 체계적인 실천방법을 찾아내는 것이 얼마나 소중한 일인지 보여줄 것이다. 바른 눈과 바른 일이 마음속에 항상 생생히 살아 있게 한다면, 최선의 결정은 자연히 뒤따를 것이다. DALAI LAMA

CHAPTER 02

바른 일을 한다

Doing the Right Thing

자신이 믿는다고 말한
원칙에 따라 행동하라

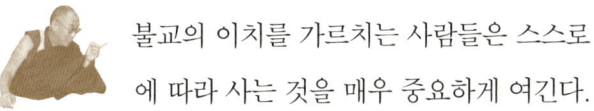 불교의 이치를 가르치는 사람들은 스스로 그 이치
에 따라 사는 것을 매우 중요하게 여긴다. 붓다 시
대의 인도에서는 스스로의 가르침을 그대로 실천하는 스승과
철학자들만 존경을 받았다. 붓다의 가르침은 대개 명확하지만,
우리가 그것을 실행에 옮기려면 단호한 의지와 노력이 필요하
다. 그래서 붓다의 가르침을 온전하게 터득하고 실천하는 것은
우리가 애써 이르러야 할 목표이다.

진정한 리더에게도 붓다 시대의 철학자들과 같은 원칙이 적

용된다. 리더는 자신이 믿는다고 말한 원칙에 따라 행동할 때만 존경받을 수 있다. 즉, 사람들이 리더의 행동을 따라하기 때문에 리더의 행동이 중요하다는 뜻이다. 리더가 자신의 원칙과 다르게 행동하면, 사람들은 그가 말한 원칙이 아니라 그의 행동을 따르게 된다.

불교에서는 사람을 지금까지 그가 행한 모든 일의 축적물로 본다. 선한 일을 행하면 좋은 사람이 되고, 악한 일을 행하면 나쁜 사람이 된다. 악행을 저질렀더라도 선을 행하면 악행의 영향을 줄일 수 있다. 이것이 카르마業의 이치다. DALAI LAMA

1장에서 살펴보았듯이 최선의 결정은 숙련된 경험과 에너지를 가지고 바른 눈의 이치를 따를 때 이루어진다. 그리고 누구든 단호한 의지로 마음을 수련하면 바른 길을 선택하는 탁월한 능력을 기를 수 있다. 특히 조직과 그 구성원을 위해 결정을 해야 하는 리더에게는 이 능력이 절실하다. 리더의 결정은 구성원 각자의 역할을 규정할 뿐 아니라, 회사의 정책이자 과제가 된다. 따라서 리더는 직원들의 욕구는 물론 조직 전체의 요구도 살펴야 한다.

리더들은 도무지 빠져나갈 길이 없는 상황과 자주 맞닥뜨리기도 한다. 개인과 조직의 욕구가 서로 충돌하기 때문이다. 이

난감한 문제에 대해 달라이 라마는 이렇게 말한다. "리더의 결정은 조직과 그에 영향을 받는 모든 사람에게 이로워야 한다. 아무에게도 해가 되어선 안 된다." 현실에서는 누군가에게 이로운 결정이 다른 사람에게는 불리할 수 있다. 그럴 때는 가장 많은 사람에게 혜택이 돌아가는 방향을 선택해야 한다.

그런데 도저히 아무에게도 해가 되지 않는 결정을 내릴 수 없다면 상황은 더욱 난감하다. 불교의 이치에 따르면, 누군가에게 손해를 끼칠 수밖에 없다면, 그것이 더 큰 피해를 주는 것을 막기라도 해야 한다. 바른 결정은 3단계의 과정을 밟는다. 먼저 시범적으로 결정한 다음, 그로 인해 손해를 보는 사람이 있는지 확인한다. 아무에게도 해가 되지 않으면 결정을 계속 밀고나간다. 그렇지 않다면, 창의력을 발휘해 손해를 없앨 방법을 찾는다. 어떻게 해도 누군가에게는 해가 될 경우, 그로 인해 발생할 더 큰 손해를 피할 수 있거나 다른 사람들에게 커다란 혜택이 돌아간다면 그 결정은 받아들여질 수 있다. 예를 들어, 기업의 매출이 급격하게 떨어져 재정적인 위기에 봉착했을 때 정리해고는 납득할 수 있는 결정이다. 해고된 사람들에게는 손해를 끼치지만 그로 인해 회사에 남은 사람들의 일자리는 보호할 수 있다. 물론 애초에 위기를 맞지 않도록 애쓰는 것이 바람직하지만, 위기는 언제든 찾아올 수 있다.

좋은 리더는 조직 안팎의 사람들 모두가 공정하다고 생각할 수 있는 결정을 내릴 줄 알아야 한다. 그러나 그것만으로는 부족하다. 리더는 자신이 내린 결정을 사람들이 잘 받아들이도록 효과적으로 설득하고 소통해야 한다.

결정을 하고 실천으로 옮기는 것은 리더십의 필수 요건이다. 하지만 무조건 실행에 옮긴다고 되는 것은 아니다. 정해진 수순을 밟듯이 결정을 내리는 리더들이 많은데, 이는 전략적으로 문제가 있다. 리더는 신중하게 행동해야 한다. 바른 눈으로 보고 마음을 닦아서 도덕적으로 옳은 결정을 내릴 수 있어야 한다는 뜻이다. 붓다는 도덕적으로 바른 결정을 내릴 때 평화가 이루어진다고 말한다. 또한 실천으로 옮기지 않는 것 자체가 나쁜 행동일 수 있다. 수수방관하는 태도가 고통의 원인이 되는 것이다. 그렇다면 언제, 어떻게 바른 일을 실천할 것인가?

리더는 스스로
먼저 행동한다

엔론의 CEO였던 케네스 레이가 2006년 사기죄로 유죄판결을 받았을 때(엔론은 미국 7대 기업이자 최대의 에너지 회사 중 하나로 주가조작, 분식회계, 불법 정치자금 공여 등을 통해 초고속 성장을 이루었으나, 각종 불법행위가 드러나면서 순식간에 파

산해 미국 정치, 경제에 커다란 파장을 불러일으켰다 — 옮긴이),
그의 공범 중 한 명인 셔론 왓킨스는 이렇게 말했다. "사람들
은 결단력 있고 창의적이고 낙천적이며 심지어 용감하기까지
한 정직한 리더를 원한다. 하지만 리더의 가장 중요한 자질인
겸손에 대해서는 기대조차 않는다."[1] 겸손한 리더는 사람들의
말에 귀 기울인다. 겸손한 리더는 직원들이 싫은 소리를 하더
라도 그 의견을 소중하게 생각한다. 자신의 실수를 인정할 줄
알기 때문이다.

리더에게 적당한 겸손은 필수적이라고 사람들은 말한다. 하
지만 다른 중요한 태도들도 많다. 친절, 평정심, 자신감 등등.
불교도 이런 태도가 중요하다고 말한다. 이것을 한마디로 표현
하면 '바른 행동과 바른 태도'이다. 그렇다면 나쁜 것은 몰아내
고, 좋은 것을 맞아들이는 방법은 무엇일까? MUYZENBERG

 불교는 생각과 행동이 도덕적으로 옳은가 그른가
를 따진다. 그리고 이것을 유익한 본성과 해로운
본성으로 구분한다. 유익한 행동은 몸과 마음을 행복하게 만들
고, 따라서 도덕적이다. 반대로 해로운 행동은 고통과 피해를
불러오고, 따라서 비도덕적이다. 인간은 유익한 본성과 해로운
본성을 모두 갖고 있다. 해로운 본성은 몰아내고 그 자리를 유

익한 본성으로 채우는 것이 우리의 책무이다. 이때 중요한 점은 유익함과 해로움은 서로 배타적이라는 사실이다. 화를 내면서 동시에 차분할 수는 없는 법이다. 집중하면서 동시에 산만할 수 없듯이.

우리는 유익한 본성과 해로운 본성의 대비에 초점을 맞출 것이다[2](이 책에서는 이러한 본성을 각각 '긍정적인' 감정, '부정적인' 감정이라고 부를 것이다). 유익한 본성과 해로운 본성의 짝을 맞추다 보면 우리가 몰아내야 하는 것은 무엇이고 맞아들여야 하는 것은 무엇인지 금세 파악할 수 있다. 여기서 두어 가지 사례를 들겠다. 나머지 짝들은 이번 장 말미에 제시되어 있다.

마음의 해로운 본성을 몰아내는 과정은 항상 동일하다. 1단계는 어떤 태도에 대해 분석명상을 하는 것이다. 그 태도에 대해 분석하고, 그것이 건설적인 방향으로 보탬이 되는지를 판단하는 것이다. 2단계는 어떤 감정을 긍정적인 것으로 바꾸는 과정으로, 1단계에서 내린 판단에 대해 집중명상을 하는 것이다(분석명상과 집중명상에 대해서는 3장에서 상세하게 다룬다). 이 두 가지 단계를 여러 번 반복해야 한다. 그러면 시간이 흐르면서 몰아내고 교체하는 과정이 자연스럽게 이루어진다.

이런 이야기는 비즈니스와는 거리가 먼 일처럼 들릴 것이다. 하지만 비즈니스 리더들도 정신적으로 해로운 태도를 유익하게 바꾸면, 더 뛰어난 리더십을 발휘할 수 있다. '솔선수범'이라는 진부한 교훈이 여기서도 통하는 것이다. 마음수련을 한 리더는 직원들에게 무엇을 어떻게 하라고 지시하지 않는다. 그는 스스로 먼저 행동한다. 이 기본적인 이치에서 모든 것이 출발한다. DALAI LAMA

상대에게 온전히 집중하라

 붓다는 "사람이 가질 수 있는 최고의 보물은 자신감"이라고 했다. 우리는 으레 기업의 리더는 자신감으로 가득한 사람일 거라 기대하지만, 겉으로만 그렇게 보이는 것일 수 있다. 자신감에 찬 모습이 허상일 경우가 많다는 뜻이다. 리더들은 자신이 옳은 일을 하고 있는지 확신할 수 없어서 자신감 부족에 시달릴 때가 많다. 하지만 그것은 시간낭비다. 올바른 해법을 찾는 데 전혀 도움이 되지 않기 때문이다. 자신감 부족을 이겨내려면 리더는 일상생활에서 연기의 이치를 실천해야 한다. 즉, 모든 요소들을 고려해 현명한 결정을 내려야 한다. 책임을 지고 있는 사람이 상호연관의 이치를 헤아려 고민한다면 자신의 행동이 옳다는 것을 느끼게 되고,

그러면 자기확신이 생긴다.

　한편, 삼간다는 것은 찬찬히 주의를 기울인다는 뜻이다. 사람들은 상대가 자신에게 주의를 기울이는지 아닌지를 매우 분명하게 느낀다. 대화를 하는데 상대의 말에 귀 기울이지 않는다면, 상대가 그것을 알아차리게 되고 그러면 소통은 아예 불가능해진다. 상대에게 온전히 집중하라. 이것은 기본적인 매너일 뿐만 아니라, 도덕적이고 유익한 행동이다. DALAI LAMA

 '삼가는 마음'은 리더에게 특히 중요하다. 심지어 의욕을 불러일으키기도 한다. 윗사람이 누군가에게 진심으로 귀를 기울인다면, 그는 윗사람이 자신을 소중하고 중요한 인물로 대접해준다는 느낌을 받을 것이다.

　달라이 라마를 예로 들어보자. 나는 지금까지 바쁜 사람들을 셀 수 없이 많이 만났다. 하지만 달라이 라마만큼 할 일이 많은 사람은 손꼽을 정도다. 그런데 그와 이야기를 나눌 때면 그가 내 말에 100퍼센트 주의를 기울이고 있다는 느낌을 받는다. 전화벨이 울리거나, 누가 들어와 말을 거는 바람에 대화가 끊긴 적도 전혀 없다. 그렇지만 나는 그가 내게 아주 귀한 시간을 내주었음을 안다. 이처럼 사람들을 소중히 대하는 리더는 신뢰를 얻는다. 그리고 신뢰를 얻으면 불가능한 일도 없어진다.

바람직하지 않은 행동을 몰아내고 그 자리를 바람직한 행동으로 채우는 법을 익히는 것은 누구에게나 유용하다. 해로운 본성과 감정을 몰아내고 유익한 본성을 맞아들이면, 생산적인 활동에 좀더 집중할 수 있고, 그러면 고통은 줄어들고 행복은 늘어난다. 이것은 너무나 당연한 이치다. 어리석은 결정이 불러온 문제를 해결해야 하는 일도 줄고, 한번 부딪쳐보자는 의욕이 생긴다. 하지만 그 전에 먼저 몇 가지 자질을 갖춰야 한다. 남다른 관찰력, 원칙을 실천하는 힘, 그리고 강한 인내심이 그것이다. MUYZENBERG

바른 생활의 네 가지 금기

 우리가 결정해야 하는 중요한 문제들 중 하나는 바로 어떻게 먹고살 것인가이다. 바른 생활正命이란 바른 일을 통해 생계를 해결하고, 합법적이고 평화적인 방법으로 부를 쌓는다는 뜻이다. 붓다는 다른 생물에게 해를 입히기 때문에 반드시 금해야 하는 활동 네 가지를 구체적으로 언급했다. 무기 거래, 생물 거래(노예무역과 성매매는 물론 살상을 목적으로 한 동물 사육도 여기에 포함된다), 육류 생산 및 도축업, 그

리고 알코올이나 마약 같은 중독성 약물 판매. 이 밖에도 바른 일의 원칙을 거스르는 직업은 모두 피해야 한다고 했다.

바른 생활이란 곧 '합법적이고 평화롭게 바른 행동을 하는 것'을 뜻한다는 정의 속에 가장 중요한 원칙이 포함되어 있다. 여기서 네 가지 활동에 대한 약간의 부연설명이 필요하다.

나는 전쟁은 옳지 않다고 확신한다. 하지만 독일과 일본에 점령당한 유럽과 아시아를 해방시키기 위한 연합군의 전쟁은 납득할 수 있다. 이때 무기 사용은 불가피하다. 물론 무기를 쓰지 않을 수 있다면 가능한 모든 방법을 동원해야 한다.

인신매매는 두말할 것도 없이 나쁜 일이다. 그러나 식용 동물 사육과 육류 생산은 모든 나라에서 흔히 이루어지는 일이다. 승려들은 대부분 채식주의자이다. 나도 어려서부터 채식을 하며 자랐다. 그러나 한 번 크게 앓은 뒤 의사들이 고기를 조금은 먹어야 한다고 해서 지금까지 그렇게 하고 있다.

불법 약품 판매는 분명 잘못된 일이다. 그런데 어떤 나라에서나 알코올처럼 사람을 취하게 하는 물질을 팔고 있다. 여기서도 고기의 경우와 비슷한 문제 제기를 할 수 있다. 바로 자유의 문제다. 알코올 판매를 금지하려는 시도는 역사적으로 한 번도 성공한 적이 없고, 오히려 암거래만 성행하게 만들었다. 이런 문제는 소비자를 교화시켜야만 해결된다. 판매 금지는 해결책이 아니다.

요약하자면, 바른 의도를 품고, 바른 눈으로 보며, 바른 일을 행하는 사람은 바른 방법으로 생계를 꾸려나갈 수 있다. DALAI LAMA

리더의
여섯 가지 수행

 나눔, 도덕적 원칙 지키기, 인내, 열정 다하기, 집중, 참지혜 깨닫기로 이루어진 이 수행법을 육바라밀이라고 한다(불교용어로는 보시, 지계, 인욕, 정진, 선정, 반야에 해당한다─옮긴이). 이는 남녀노소 누구에게나 도움이 되는 수행법이다. 하지만 특히 리더는 육바라밀을 실천함으로써 많은 사람들에게 커다란 영향을 줄 수 있다.

나눔

비즈니스 세계에서 비리가 벌어지는 가장 큰 원인은 권력을 쥔 사람이 돈과 특권을 탐하기 때문이다. 탐욕은 나눔의 반대말이다. 기업이 성공하려면 CEO가 뛰어난 능력을 보여주어야 한다. 그러나 구체적인 결과는 구성원 전체의 노력을 통해서 이끌어내는 것이다. 그런데 리더가 그 공을 홀로 독차지하려 한다면 직원들은 의욕을 잃어버릴 것이다. 훌륭한 경영자는 칭찬해주어야 할 사람을 잘 칭찬할 줄 안다. 성공한 리더들은 대부분 좋은 성과를 냈을 때 그 공을 아랫사람들에게 돌리는 겸손한 사람들이다.

이러한 나눔에는 반드시 지혜가 필요하다. 즉, 단기적인 문제에만 나눔을 실천하는 것은 별 의미가 없다. 단기적 영향과 장기적 영향을 모두 고민하면서 나눔을 실천해야 한다.

도덕적 원칙 지키기

자신의 왕국을 잘 다스린 왕이 그 비결을 묻는 다른 왕에게 이렇게 대답했다. "나라를 다스리는 최선의 길은 먼저 스스로를 다스리는 것입니다." 스스로를 다스린다는 것은 유혹을 이겨낸다는 뜻이다. 왕들은 부와 찬사, 존경, 성공을 원한다. 하지만 이것들을 얻으려는 과정에서 도덕적으로 절제하지 않으면 왕국은 곤란한 지경에 빠질 것이다. 그냥 '원칙'이 아니라 '도덕적 원칙'이라고 하는 것은 그 때문이다. 다른 사람이나 주변 환경에 피해를 주지 않고 정직하게 재물을 쌓아 부자가 되는 것은 잘못이 아니다. 하지만 회사가 망해 주주들은 돈을 날리고 직원들은 일자리를 잃는데도 사장만 부자가 된다면 그것은 용납될 수 없다.

자기절제가 쉬운 일은 아니다. 나는 도덕적 원칙 지키기를 종종 '마음 길들이기'라고 표현한다. 통제되지 않은 마음은 미친 코끼리와 같다. 제멋대로 날뛰게 내버려두면, 이 코끼리는 모든 걸 엉망으로 만들어놓는다. 탐욕, 이기심, 분노, 증오, 욕망, 두려움, 자신감 부족, 질투 같은 부정적인 의도와 감정을 통제하는 것이 가장 중요하다. 마음은 호수의 물과 같다. 부정적인 생각이나 감정이 수면을 휘저으면, 호수 바닥에 있던 진흙이 물을 탁하게 만든다. 폭풍이 지나가고 나면 진흙은 다시 가라앉고 물은 맑아진다. 여기서 '폭풍'이란 부정적인 의도와 감정이 미치는 영향이다. 행동하기에 앞서 우리는 항상 부정적인 생각을 마음속에서 모두 몰아내야 한다. 그래야 무엇에도 얽매이지 않고 자유롭게 대응할 수 있다. 마음을 길들이는 법을 배우지 않으면 이런 자유는 누리기 어려울 것이다.

인내

인내는 단련이 필요하다. 적의나 비판, 실망 등 도발적인 상황에 대비할 수 있는 방법은 인내뿐이다. 화가 났을 때 중요한 것은 화를 참는 능력이 아니라, 평정을 유지하는 힘이다. 그러려면 마음수련을 해야 한다. 마음을 닦으면 차분하고 인내심 강한 정신을 얻을 수 있다.

여기서 인내란 '분별 있는 인내'라는 뜻으로 이해해야 한다. 참지 말고 주저 없이 행동에 나서야 할 때도 있기 때문이다. 인내심을 발휘할지 말지를 결정하는 데는 바른 판단력이 필요하다.

열정 다하기

우리가 얼마나 열정적으로 노력하는가는 이루고자 하는 목표가 얼마나 중요하며 의욕이 얼마나 강한가에 따라 달라진다. '열정은 전염된다'는 말이 있다. 우리에게는 엄청난 양의 에너지가 잠재되어 있으며, 열정은 그 에너지를 끌어내는 동력이다. 리더는 사람들이 열정을 다할 수 있도록 자극할 줄 알아야 한다.

집중

한 가지 일에 정신적 에너지를 모두 쏟아부을 수 있는 능력이 바로 집중이다. 보통 사람들은 집중력이 약해서 생각이 자꾸 여기저기로 튄다. 옛날에 저질렀던 잘못을 곱씹고 미래를 걱정하고 동료나 가족에 대해 고민하느라 대부분의 시간을 낭비한다. 리더들도 예외가 아니다. 집중하지 못하면 마음의 중심을 잡을 수도 없다. 그러나 최선의 결정을 내리려면 반드시 마음의 중심을 잡아야 한다.

참지혜 깨닫기

참지혜는 바른 눈을 가질 때 얻어진다. 바른 눈은 사물을 있는 그대로 볼 줄 아는 눈이며, 세상에 영원한 것은 아무것도 없음을 깨닫는 눈이다. 먼 미래를 예비하기 위해 오늘 해야 할 일

을 결정하려면 바른 눈과 바른 일이 필요하다. DALAI LAMA

실천하지 않으면
아무것도 바꿔놓지 못한다

 아시아에서 내가 인터뷰한 경영자들 중에는 바른 눈과 바른 일의 이치를 따르고, 명상으로 마음을 닦아 크게 득을 보았다는 사람들이 많았다.

예를 들어, 10년 전에 태국은 심각한 경제위기를 맞았다. 상당수의 기업이 파산지경에 이르렀다. 하지만 그 상황에서도 불교의 이치를 실천한 경영자는 차분하고 신중하게 난관을 헤쳐나갈 수 있었다. 나는 그들에게 기업을 경영하는 목적이 무엇인지 물었다. 주가나 이윤이라고 답한 사람은 아무도 없었다. 높은 수익을 내는 한 회사의 대표는 이렇게 말했다. "서구 기업가들의 취약점은 순이익에 지나치게 예민하다는 것입니다. 나는 제품을 팔 때, 우리 회사와 구매자에게 모두 유리한 거래가 되도록 신경 씁니다. 이윤은 그 결과일 뿐입니다."

리더들은 불교의 이치를 실천함으로써 얻게 된 노하우를 이렇게 요약했다.

위기 대처 능력이 향상된다

한 경영자의 이야기다. 경제위기가 닥쳤을 때, 대다수의 경영자들이 빚을 일부라도 탕감해보려고 은행으로 달려가 사정했다. 그러나 몇몇 경영자들은 그렇게 하지 않았다. 그도 걱정이 되기는 했지만 은행으로 달려가는 대신 불교의 스승을 찾아가 대화를 나눴다. 스승은 말했다. "나는 당신의 고민이 뭔지 전혀 모르겠습니다. 하지만 마음을 차분히 가라앉히고 명상을 하면, 틀림없이 해결책을 찾게 될 겁니다." 언뜻 들으면 앞뒤가 안 맞는 소리처럼 들린다. 하지만 그는 스승의 가르침을 따랐고 해결책을 찾는 데 성공했다.

더 나은 결정을 하게 된다

잘못된 결정을 내릴까봐 고민하는 시간이 줄어들고, 결정을 내릴 때 고려하는 기준도 효율적으로 변한다. 문제에 집중하기도 쉬워지고, 자신의 결정에 대한 확신도 강해진다.

직원들과의 관계가 좋아진다

불교의 이치를 실천하면 여러 의견이 엇갈리는 문제나 직원들과 관련된 문제를 처리할 때 인내심을 더 잘 발휘할 수 있다. 자연히 직원들과의 관계도 좋아진다. 한 가지 사안을 여러 차례 살펴보는 일을 마다하지 않게 되고, 자신이 우유부단해 보일까봐 염려하지도 않게 된다.

회의 시간은 짧아지고 일하는 시간은 늘어난다

당면한 사안에 온전히 집중하는 법을 터득했기 때문에 회의를 자주, 오래 할 필요가 없어진다. 대신 결정을 내리고, 그것을 어떻게 실행에 옮길지 논의할 때 사람들의 말에 좀더 유심히 귀 기울이게 된다.

창의력이 높아진다

타이완의 건축회사 사장인 크리스 야오는 마음수련을 하면서 창의력이 향상되었다고 한다. "마음수련을 하기 전까지 나는 대부분의 건축가들처럼 뭔가 독특하고 남다른 것을 설계하고 싶어 안달했습니다. 내 건물을 보고 사람들이 독창적이고 아름답다며 칭찬해주길 바랐어요. 건축가로서 유명해지고 싶었습니다." 야오는 달라이 라마가 타이완을 방문했을 때 그를 수행하다가 불교에 크게 감화되었다. 야오는 말했다. "성공하겠다는 야망을 버리고, 내가 지은 건물에서 살게 될 사람들에게 가장 좋은 것을 찾아내는 데 집중했습니다. 그랬더니 내 건축물이 창의적이라고들 말하더군요. 고객들도 더 만족하고 나도 전보다 더 즐겁습니다."

일에 대한 열정이 강해진다

내가 만난 경영자들은 하나같이 자신의 일에 대한 열정이 대단했다. 그들은 또한 불교의 가르침을 실천하고 마음을 닦아 많은 혜택을 얻었다고 열정적으로 말했다. 그리고 그 열정은 그들이 하는 일에도 깊이 스며들어 있었다. MUYZENBERG

 위에 예를 든 경영자들은 바른 눈과 바른 일의 이치를 이해하고 실천하고 있다. 생각하는 방법과 그에 따른 행동을 체계적으로 변화시킨 것이다. 그들이 득을 볼 수 있었던 것은 정신의 해로운 요소를 줄였기 때문이다. "실천하지 않으면 불교의 가르침은 아무것도 바꿔놓지 못한다"고 한 그들의 말은 매우 의미심장하다. 그 말은 곧 어리석은 행동을 줄이고 현명하게 행동하면 점점 더 많은 변화가 가능해진다는 뜻일 것이다. 이처럼 불교가 현대의 기업과 세계 경제에 보탬이 될 수 있다는 사실이 나에게 큰 힘이 된다.

진정한 발전을 이루려면 우리의 행동을 변화시켜야 한다. 또 우리가 속한 조직을 변화시켜야 한다. 바른 눈과 바른 일의 이치를 실천하면 이러한 변화가 가능해진다. 바른 눈의 이치는 결국 나 자신뿐 아니라 다른 사람의 행복 또한 적극적으로 고민한다는 뜻이다. 그리고 바른 일은 바른 눈의 이치를 따르기

위해 열심히 노력하는 것이다. 진정한 리더는 이러한 이치가 자신의 회사에서 실현될 수 있도록 먼저 그 스스로 원칙을 실천할 것이다. DALAI LAMA

선善을 환영하라

 마음의 유익한 본성과 해로운 본성의 짝을 좀더 구체적으로 살펴보면, 명상을 통해 해로운 것을 버리고 유익한 것을 맞아들이는 데 도움이 된다.

겸손은 힘이다

겸손한 사람은 자신감이 없는 것처럼 보일 수 있다. 하지만 계속해서 성공만 맛본 사람들은 자신감이 지나쳐 근거 없는 자만으로 변질되는 경우가 있다. 리더가 자신의 뛰어난 능력과 결단력만으로 성공했다고 생각한다면 그것은 겸손함을 잃고 스스로를 지나치게 과대평가하는 것이다. 많은 사람들이 자신의 성공을 도왔다는 사실을, 게다가 행운도 얼마간 있었다는 점을 잊어버린 것이다. 사람은 혼자만의 힘으로는 절대 성공할 수 없다. 이것을 잊지 말고 성공한 뒤에도 겸손해야 한다. 사람들은 겸손한 리더를 단번에 알아보고, 그러한 리더를 통해 더 의욕적으로 변한다.

타인의 행복에 대한 적극적인 관심과 배려는 리더의 기본적 자질이다

다른 사람의 행복에 관심을 갖는 것은 바른 일의 이치와 아주 비슷하다. 어떤 일을 할 때마다 반드시 그 행동이 남에게 미치는 영향을 고려하는 것이 바른 일의 원칙이기 때문이다. 배려 또한 마음의 유익한 본성 중 하나다. 그러나 배려는 단지 리더가 갖춰야 할 바람직한 자질이라는 차원을 넘어, 하나의 마음상태로 자리잡아야 한다. 우리는 어떤 상황에서든 다른 사람의 행복을 가장 먼저 고민해야 하며, 리더들은 특히 더 그래야 한다.

평정은 리더십의 본질이다

평정은 궁극적으로 마음의 고요함을 유지한다는 뜻이다. 이것은 감정적으로 동요되지 않는 상태라고 표현할 수도 있다. 평정은 매우 중요한 정신적 요소이다. 평정심을 갖추면 개방적이고 평화롭고 편견 없는 사람으로 보인다. 평정은 흔히 욕망이나 갈망에 연연하지 않는 상태로도 묘사된다. 상상해보라. 평정심을 갖춘 리더는 어떤 모습일까. 정력적으로 일을 몰아붙이는 모습은 아닐지라도, 신뢰할 만한 인물이라는 느낌을 줄 것이다. 그리고 실은 이것이 리더십의 본질이다.

평정은 권력, 재산, 명성에 대한 집착을 몰아낸다

정직한 방법으로 돈을 번다면 부자가 되고 싶어하는 것은 잘못이 아니다. 또 긍정적인 역할을 통해 명성을 쌓는다면 그 또한 문제될 것이 없다. 집착을 버린다는 것과 갈망은 잘못 받아들여지기 쉽다. 예를 들어, 건강한 마음 상태에 이르기 위해 무언가를 바란다면 그것은 긍정적이다. 하지만 부자가 되기만을 갈망한다면 그 바람은 부정적이다. 부정적인 욕망을 우리는 갈망이라고 표현한다. 갈망은 부나 명성에 대한 채워지지 않는 욕망에 휘둘리는 상태를 말한다. 세상에는 항상 자기보다 더 유명하고 더 부유한 사람이 있기 마련이다. 따라서 이러한 갈망을 품고 있다면 결코 행복해질 수 없다. 심각한 것은 이런 갈망을 품었을 때, 사람들은 대개 원하는 바를 이루기 위해 지름길을 택할 가능성이 높다는 점이다. 그 과정에서 다른 사람에게 피해를 주거나 법을 어길 수도 있다. 자신의 갈망을 조절하지 못하면 그는 해로운 감정의 노예가 되어버린다.

평정은 실패했을 때 생기는 걱정이나 실의를 몰아낸다

최고의 동업자가 등을 돌렸을 때, 자신도 모르는 사이에 기업이 주가조작에 연루되었을 때, 또는 회사가 이윤을 내지 못하고 손실이 발생했을 때, 경영자는 근심걱정에 휩싸이기 마련이다. 그러나 걱정은 에너지 낭비일 뿐이다. 걱정하는 것으로는 어떤 문제도 해결되지 않는다. 그런데도 걱정을 멈추기는 쉽지 않다. 걱정이 고개를 쳐들 때, 그걸 억누르려 애쓰지 마라. 대신 걱정의 부질없음에 대해 명상하라. 그리고 즉시 마음에서 걱정이라는 감정을 내려놓으라. 그러면 자연스럽게 평정에 이르게 된다.

평정은 증오, 분노, 화, 앙심, 시기, 질투를 몰아낸다

분노나 증오, 앙심 같은 감정은 대단히 강렬하다. 하지만 이러한 감정에 얽매이는 것은 비생산적인 에너지 낭비이다. 이런 감정은 고통스럽고 정신을 산만하게 만든다. 시간낭비에 불과한 이 감정들을 어떻게 하면 막을 수 있을까. 방법은 걱정을 없애는 법과 같다. 그 감정의 쓸모없음에 대해 명상하는 것. 그런 감정들을 마음에서 내려놓는 것. 그러면 우리가 원하는 평정의 상태, 침착하고 고요한 마음상태에 이를 수 있다.

수치심은 파렴치함을 몰아낸다

수치심이 왜 유익한 감정일까 의아할 수도 있다. 보통 수치심은 부정적인 감정으로 여겨지니 말이다. 하지만 사람들은 종종 실수를 저지른다. 그건 피할 수 없다. 그럴 때 수치심이 실수를 바로잡는 행동으로 이어진다면 긍정적인 감정이 된다. 부끄러움을 모르는 사람은 위험하다. 최소한의 도덕적 기준조차 없는 사람이라는 뜻이기 때문이다. 이런 맥락에서 비슷해 보이기는 하지만, 죄책감은 수치심과는 달리 유익하지 않다. 죄책감은 변하지 않고 계속되는 감정이기 때문에 달리 손쓸 방법이 없다. 그래서 죄책감은 해롭다. 죄책감을 수치심으로 바꿔보

라. 그러면 잘못을 바로잡기 위해 행동하게 될 것이다. 불교에서는 악행을 저지르면 언젠가 그 영향이 반드시 자신에게 되돌아온다고 믿는다. 그리고 그 해로운 영향을 줄이는 방법은 오직 선행으로 악행을 상쇄하는 것뿐이다.

자비는 무관심, 적의, 성마름, 불편한 심사, 혐오감을 몰아낸다
나는 누구를 만나든 그를 나와 같은 인간으로, 나처럼 행복해지고 싶어하는 사람으로 생각한다. 그가 나에게 적대적이거나 매몰차게 대하면, 나는 그의 행동과 그 사람 자체를 분리해서 생각하려고 애쓴다. 불교는 모든 사람의 밑바탕에 건강하고 순수한 마음이 있다고 믿는다. 그리고 우정 어린 공감이 적의를 줄일 수 있다고 믿는다. 자비는 타인의 고통에 깊이 공감하는 최고의 우정을 뜻한다. 공격적인 태도를 가지고 우리가 얻을 수 있는 것은 아무것도 없다. 그렇다고 잘못된 행동이나 잘못된 생각을 보고도 그냥 지나치라는 말은 아니다. 적의나 무관심 같은 해로운 감정과 마주쳤을 때, 리더는 자비를 통해 상황을 바로잡으려고 노력해야 한다. 조직 속에서 자비를 실천하는 사람이 리더이며, 또 리더만이 그 역할을 성공적으로 해낼 수 있다.

활기는 침울한 마음과 게으름을 몰아낸다
활기찬 리더가 되려고 노력하는 것이 문제가 되는 경우는 별로 없다. 책임 있는 자리에서 과중한 업무를 소화하려면 강한 에너지가 꼭 필요하다. 또 활기가 없으면 경영자로 성공하기 힘들다. 하지만 기업의 성패를 좌우하는 것은 리더 한 사람의 에너지가 아니다. 지위 고하에 상관없이 모든 직원들이 활기로 가득할 때 기업은 성공한다. 따라서 솔선수범하는 자세와 구체적인 정책을 통해 직원들의 사기를 돋울 최선의 방법을 찾아내는 것이 리더의 과제다.

개방적인 태도와 열린 마음은 광신과 맹목을 몰아낸다

유연성, 즉 열린 마음은 정신의 유익한 요소들 가운데서도 특히 중요하다. 비즈니스 세계에서는 유연성이 점점 더 필수적인 것이 되어가고 있다. 유능한 직원들을 쉽게 잃지 않으려면, 또 사람들 사이에서 의견이 분분한 사업적 결단을 내리려면 유연성이 필요하다. 변함없는 진리는 흔치 않다. 리더는 광신과 맹목을 경계해야 하며, 조직이 그러한 성향에 젖어들지 않도록 주시해야 한다. 한 기업의 리더는 그 기업의 유익함에 대한 믿음을 전할 수 있어야 한다. 이 말은, 사람들이 그 기업의 목표가 옳다고 믿고 그 기업의 가치관을 존중할 수 있어야 한다는 뜻이다. 하지만 이것을 너무 심하게 밀어붙이면 안 된다. 궁극적으로 우리의 숙제는 최적의 균형을 찾아내는 것이다. DALAI LAMA

CHAPTER 03

마음을 수련한다
Training Your Mind

마음수련의 목적

 바른 눈과 바른 일의 이치를 실천하는 것은 커다란 도전이다. 마음수련을 하지 않고도 이 이치를 온전히 실행할 수 있는 사람은 천부적으로 뛰어난 리더일 것이다.

나는 아주 어렸을 때부터 마음수련을 해왔다. 지금도 매일 몇 시간씩 한다. 여행할 때든, 집에 있을 때든 거르지 않는다. 내 경험에 비추어보면, 마음수련도 밥을 먹는 것처럼 습관이 되어야 한다.

다행인 것은, 마음수련에 아주 적은 시간만 투자해도 발전할 수 있다는 점이다. 우리들 대다수에게 완벽이란 도달하기 힘든 목표다. 그러므로 꾸준한 발전을 목표로 삼아야 한다.

리더는 항상 주어진 시간 내에 다양한 문제들이 잠재된 결정을 내려야 하는 압박에 시달린다. 마음수련의 목적은 어떤 상황에서도 침착하고, 평온하며, 마음의 중심을 놓치지 않는 상태를 유지하는 것이다. 또 문제를 다각도에서 분석하고 신속하게 결정할 수 있는 정신 능력을 갖는 것이다. 그러려면 유연하고 개방적인 마음을 지녀야 한다. 폐쇄적이고 융통성 없는 마음으로는 아무것도 할 수 없다.

길들여지지 않은 마음은 이 가지에서 저 가지로 옮겨다니는 원숭이처럼, 한 가지 문제에 집중하지 못하고 자꾸 이 주제 저 주제 사이를 방황한다. 분노, 질투, 성마름, 두려움, 자신감 부족 등으로 마음이 산란해지거나 지나간 일에 연연해 감정적으로 에너지를 소모하면, 정신은 생각할 수 있는 소중한 시간을 잃어버리고 만다. 생산적으로 써야 할 시간을 부정적인 생각과 감정에 매달려 낭비하는 것이다. 마음수련의 목적은 정신의 힘을 극대화시켜 중요한 문제에 에너지를 온전히 집중할 수 있게 하는 것이다. DALAI LAMA

 동양철학보다 서구 심리학에 익숙한 사람들은 마음수련을 '조건화'라고 부르기도 한다. 우리의 행

동이 주위에서 벌어지는 사건들에 따라 좌우된다는 뜻이다. 예를 들어 비판을 받았을 때 곧바로 화를 내거나 방어적인 태도를 취하는 사람이라면 상대의 비판 속에 뭔가 배울 만한 것이 있는지 귀 기울이고 분석하도록 스스로를 조건화할 수 있다. 우리의 행동은 우리가 어떤 결론을 내리느냐에 따라 달라진다. 즉, 지금까지 비판에 대해 무조건 방어적인 태도를 취하던 사람이라도 무조건 마음을 열고 귀 기울이는 사람으로 변할 수 있다는 뜻이다. 마음을 조건화함으로써 비판에 대한 자동적인 반응을 변화시키는 원리다.

불교도들은 수백 년 동안 마음수련을 위한 많은 방법들을 개발했다. 이번 장의 후반부에서 우리는 전문가도 불교도도 아닌 평범한 사람들이 마음수련을 실천할 수 있는 일곱 가지 방법을 간단한 것부터 복잡한 것까지 차례대로 제시할 것이다. 하지만 그 전에 먼저 마음수련에 관해 사람들이 자주 하는 질문 몇 가지를 살펴보려 한다.

명상은 행복한 뇌를 만든다

늘 바쁘게 움직이는 경영자라도 하루에 5분 정도는 마음수련하는 데 시간을 낼 수 있다. 수련을 위해 따로 시간을 내야 한다는 생각만 버리면 된다. 업무와 업무 사이의 틈새, 이를테면 공항에서 비행기를 기다리거나 택시를 기다리는 짧은 동안에도 마음수련은 가능하다. 마음수련을 일상생활의 일부로 만드는 것이다. 일이 지체되면 짜증낼 것이 아니라 마음수련하기에 좋은 짬이 났다고 생각하자.

나는 원래 기다리는 것을 몹시 싫어하는 사람이었다. 공항에서 사람들이 길게 줄을 선 걸 보면 당장 신경질부터 났다. 일단 줄을 서고 나면 다른 줄들만 더 빨리 줄어드는 것 같고, 그래서 줄을 잘못 섰다며 후회했다. 그러다가 어느 순간 내가 아주 멍청했다는 걸 깨닫고 내 생각을 바꾸기로 했다. 지금은 길게 늘어선 줄을 보면 마음수련을 위한 안성맞춤의 기회라는 생각이 든다.

5분은 깊이 명상을 하기에 충분한 시간은 아니지만, 그래도 여전히 가치가 있다. 불교의 이치를 실천하는 많은 경영자들은 일하면서 명상하는 자기만의 방법을 찾아낸다. 명상은 반드시 만사를 제쳐두고 몰두해야 하는 일이 아니다. 그저 마음을 차분히 가라앉히거나 정신을 맑게 해야 할 때 하면 된다. MUYZENBERG

스승이 아니라
스승의 가르침을 따라라

 자격을 갖춘 스승을 찾는 것은 영적인 삶에서 중요한 단계다.[1] 하지만 누군가를 영적 스승으로 받아들이기 전에 우리는 먼저 그 사람을 꼼꼼히 살펴보아야 한다. 티베트에는 이런 말이 있다. "고깃조각을 찾아낸 개처럼 굴지 마라." 그럴듯한 직함을 가졌다고, 또는 막강한 영향력이 있다고 무턱대고 스승으로 받아들여선 안 된다. 먼저 스승을 잘 관찰해야 한다. 그는 나의 영적인 길을 이끌어줄 안내자이다. 따라서 자신의 가르침을 실천하는 사람이어야 한다. 이치를 머리로만 아는 것이 아니라, 스스로의 경험을 바탕으로 삼을 수 있는 사람만이 진정한 안내자가 될 수 있다. 스승은 최소한 자신의 마음을 다스릴 줄 알아야 하고 온화한 사람이어야 한다. 우리가 누군가를 영적 스승으로 받아들이는 것은 바로 우리의 마음을 다스리는 법을 배우기 위해서이다. 또한 스승은 우리의 질문에 솔직하게 답해줄 수 있어야 하고, 의심스러운 부분을 명확하게 밝히는 데 도움을 줄 수 있어야 한다.

일단 누군가를 스승으로 받아들이고 나면 충분한 신뢰와 존경심을 길러 스승의 가르침을 따라야 한다. 물론 신뢰와 존경이 무조건적인 믿음은 아니다. 붓다는 스승의 훌륭한 가르침에

귀 기울이되 '해로운' 명령은 무시해야 한다고 했다. 스승의 가르침에 회의를 품는 일 또한 중요하다는 것이다. 가장 위대한 스승인 붓다는 제자들에게 이렇게 말했다.

"사람들은 금의 순도를 알고 싶을 때 그걸 불에 넣어 태워보고, 잘라보고, 시금석으로 시험해본다. 마찬가지로 너희들도 나를 존경한다는 이유로 무작정 내 말을 따르지 말고 비판적으로 시험해본 뒤에 받아들여라."

불교의 가르침을 받아들이는 방법은 두 가지다. 지적인 방법과 지적이지 않은 방법. 지적인 방법은 비판적인 눈과 열린 마음으로 경전과 주석을 탐구하고, 그 내용을 자신의 경험이나 지식과 연결시키려 애쓰는 것이다. 이 방법을 택한 사람은 유명한 스승의 가르침이라고 무조건 따르지 않을 것이다. 오히려 자기가 직접 탐구하고 분석해서 얻은 지식을 바탕으로 그 가르침이 타당한지 판단할 것이다. 이러한 지적인 방법을 한마디로 요약하면 이렇다. "스승을 따르지 말고, 스승의 가르침을 따라라. 스승의 말을 따르지 말고, 그 말의 참뜻을 따라라." DALAI LAMA

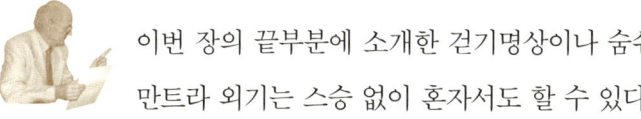

이번 장의 끝부분에 소개한 걷기명상이나 숨쉬기, 만트라 외기는 스승 없이 혼자서도 할 수 있다. 하지만 집중명상이나 분석명상은 그보다 어렵다. 나는 책을 보며 혼자 해보려고 테이프까지 샀지만 별 효과가 없었다. 그러다 태국에서 수련원에 들어갔는데, 단체 수련을 해보니 훨씬 쉬웠다. 놀라운 일이었다. 그곳에서는 일주일 내내 수련 참가자들 중 누구와도 말 한마디 나누지 않았기 때문이다. 하지만 명상을 하려고 애쓰는 여러 사람들과 같이 한방에 앉아 있는 것 자체가 기운을 북돋워주었다. 그리고 하루 종일 뭔가를 배우려고 애쓰면서 딱 15분간 스님과 대화하는 것만으로도 유익한 영향을 받았다.

여러 가지 수련법을 익히려면 인내심이 필요하다. 어느 단계까지 도달하긴 쉽지만, 자유자재로 집중명상과 분석명상을 할 수 있게 되는 데는 몇 년이 걸린다.

명상이 뇌에
미치는 영향

최근의 연구결과들은 명상 후 뇌에 일어나는 변화에 관해 아주 흥미로운 사실들을 밝혀냈다.[2] 1990년대까지 사람들은 뇌의 신경세포 숫자가 항상 일정하다고 믿었다. 그런데 다양한 연구들을 통해 어떤 행동을 되풀이하거나 새로운 것을 배우면 뇌의 신경세포가 새롭게 생성된다는 사실이 밝혀졌다. 예를 들어, 피아니스트의 뇌는 손가락에 명령을 내리는 부분이 다른 사람들보다 크다고 한다.

우울한 사람과 행복한 사람의 뇌 활동 패턴이 다르다는 사실도 뇌파검사를 통해 오래전에 밝혀졌다. 뇌파검사란 여러 개의 전극을 머리에 붙여 뇌의 활동을 측정해서 일종의 '뇌지도'를 만들어내는 것이다. 뇌파 연구에 따르면 왼쪽 전두엽의 활동은 행복감과 관련되어 있다. 반면 우울한 사람의 뇌에서는 내측 측두엽의 편도체가 활발해진다. 편도체는 의욕이나 감정적인 행동을 담당하는 부위다. 어떤 사람이 행복한지 근심걱정에 싸여 있는지를 좌우하는 데 왼쪽 전두엽과 편도체의 활동성이 크게 영향을 미치는 것이다.

명상과 관련된 최초의 실험은 30년 이상 명상을 해온 티베트 스님을 대상으로 실시되었다. 이 연구는 명상을 해본 적이 없는 사람 175명과 이 스님의 뇌지도를 비교하는 방식으로 이루어졌는데, 스님의 전두엽 활동성 수치는 다른 175명의 최고 점수보다 높았다. 명상의 긍정적인 효과를 기대해볼 만한 결과였다. 하지만 이 스님의 경우가 유별난 것일 수 있다는 주장이 제기되었다.

매사추세츠 대학에서 실시한 또다른 실험은 한 생명공학 연구소 직원들을 상대로 이루어졌다. 연구소 직원들은 시판 가능한 의약품 개발 압박에 시달리고 있었는데, 그들 중 명상을 배우고 싶어하는 사람들이 자발적으로 실험에 참가했다. 참가자들은 먼저 뇌파검사를 받았다. 학자들은 이 사람들을 두 그룹으로 나누고 한쪽 그룹에는 명상을 배우려는 신청자가 많아 수련에 참가하려면 조금 기다려야 한다고 말했다. 명상을 한 그룹과 하지 않은 그룹의 뇌파를 비교하기 위해 일부러 거짓말을 한 것이다.

명상 프로그램은 10주 동안 진행되었다. 일주일에 한 번, 명상 전문가가 두세 시간 동안 강의를 한 뒤, 수업이 없을 때도 매일 45분씩 명상을 하라고 지시했다. 10주 프로그램의 마지막 날에는 수련원에 들어가 하루 동안 명상 수련을 하는 시간이 마련되었다. 그런 다음 명상을 한 그룹과 대기중이던 그룹의 뇌파를 다시 검사해보았다. 명상을 한 그룹은, 명상을 하기 전의 뇌파검사 결과에 비해서는 물론, 계속 대기중이던 그룹에 비해서도 왼쪽 전두엽의 활동성이 뚜렷하게 증가해 있었다. 명상 참가자들은 부정적인 감정이나 불안감이 줄어들었다고 말했다.

한 가지 실험이 더 있었다. 명상에 참가한 그룹과 대기중이던 그룹에 똑같은 독감 백신을 주사한 다음, 혈액 샘플을 채취했다. 명상이 면역체계에 어떤 영향을 미쳤는지 알아보기 위해서였다. 그 결과, 명상 참가자들의 면역체계는 독감 백신에 더 강하게 반응했다. 이것은 그리 놀랄 일이 아니다. 왼쪽 전두엽의 활동이 활발해지면 면역체계가 백신에 강하게 반응해서 항체가 더 많이 만들어진다는 것은 이미 널리 알려진 사실이다.

하버드에서 실시한 또다른 연구에서도 비슷하게 흥미로운 결과가 나왔다. 하버드 의대의 새라 로자는 하루에 40분씩 명상한 사람 20명의 뇌를 살펴보았다. 피실험자들은 승려는 아니었고, 각자 오랫동안 명상을 해온 일반인이었다. 로자는 피실험자들과 사회적, 경제적 환경이나 나이는 비슷하지만 명상을 하지 않은 사람들의 뇌 영상을 서로 비교해보았다. 그 결과 매우 의미심장한 차이가 발견되었다. 명상을 한 사람들의 뇌에서는 명상과 관련된 전전두피질, 즉 감정조절, 주의집중, 작동기억(단기기억이 장기기억으로 넘어가는 과정에서 정보를 처리하는 인지적 활동─옮긴이) 등 스트레스 조절과 관련된 기능을 담당하는 부위의 조직이 5퍼센트나 더 두꺼웠다.[3]

처음에는 간단하게

나는 태국의 수련원에서 열흘간의 명상 프로그램에 참가했다. 이 프로그램은 좌선과 걷기명상, 그리고 마음 챙기기 훈련으로 이루어져 있었다. 정확히 말하자면 두 가지 명상에 마음 챙기기 훈련이 반드시 병행되어야 했다. 사흘에 걸쳐 강의를 들은 다음, 일주일 동안 실제 수련에 들어갔다. 그런데 그 일주일 동안 우리가 한 일이라고는 앉아 있기와 걷기밖에 없었다. 일상 생활에서와는 달리, 일주일 내내 사람들과 이야기를 나누는 것은 고사하고 눈조차 마주치지 않고 지내는 것이 나에게는 놀라운 경험이었다. 나는 우리가 차분히 집중할 수 있게 된 것은 바로 이처럼 정신을 산만하게 하는 외부 요인을 완전히 없앴기 때문이라는 걸 금세 깨달았다. 강사는 매일 좌선과 걷기명상을 번갈아가며 해야 한다고 말했다. 그후로 나는 다른 명상 기법들을 응용해서 거의 매일 명상을 하고 있다. 사람들 말로는 내가 예전보다 더 차분하면서도 유쾌해졌다고 한다. MUYZENBERG

 이런저런 수련법을 조사하다 보면 아예 도전해보겠다는 의욕마저 사라질지 모른다. 모든 걸 한꺼번에 하기는 도저히 불가능하니까 말이다. 그래서 나는 하루에 몇 분씩만 투자하면 되는 간단한 것부터 시작해보라고 말한다. 그 경험이 마음에 들면, 점점 시간을 늘려가며 다른 수련법을 덧붙이면 된다. 그러다가 좀더 빠른 진전을 보고 싶어지면, 라우렌스처럼 수련원에 들어가 일주일 동안 수련할 수도 있다. DALAI LAMA

비즈니스 리더들을 위한
일곱 가지 마음수련법

걷기

걷기명상은 바쁘게 움직이는 현대인들이 가장 간단하게 시도할 수 있는 명상법이다. 걷기명상의 목적은 마음을 챙기고 집중력을 기르는 것이다. '마음 챙기기'는 뇌에서 감정과 생각들이 활발해지는 것을 알아차리는 능력이다. 다른 사람이 우리를 비판할 때, 우리는 그 말에 귀 기울이는 대신 이렇게 생각한다. '불쾌해. 나를 방어해야 해. 이 사람은 맘에 안 들어.' 하지만 마음을 챙기면 내가 이런 생각을 하고 있다는 사실을 깨닫게 된다. 마음 챙기기는 이처럼 어떤 생각이나 감정이 솟아나는 것을 깨닫는 능력뿐만 아니라, 이런 생각이나 감정을 저지하는 능력까지 포함한다. 감정이나 생각을 저지할 때는 억지로 억누르려 하지 말고 평화롭게 해야 한다. 그 비결을 한마디로 압축하면 '깨닫고 내려놓기'이다.

걷기명상은 행동하는 명상이다. 걷기명상을 할 때 우리는 몸의 움직임을 이용해 정신을 깨우게 된다. 양발을 번갈아 움직이는 것에 온전히 집중하는 것이다.

올바른 보행법은 자연스럽게 규칙적으로 걷는 것이다. 몸과 마음을 다해 걸어라. 몸이 걷고 있을 때 마음도 걷고 있는지 주의하라. 걸으면서 평상시처럼 상념에 잠기지 말고 걷는 행위를 또렷이 의식해야 한다. 몸은 걷고 있으면서 마음은 과거나 미래를 생각하면 안 된다. 마음이 다른 곳을 방황하고 있다는 느낌이 들면, 걷는 동작에 마음을 쏟고 발걸음의 규칙적인 리듬을 느껴라. 걷고 있는 몸을 완전하게 의식하도록 마음을 챙겨라. 일단 리듬을 찾으면 그 다음엔 자신의 몸과 마음에 주목하라.

몸에 주목하기 자기 발에 집중해본다. 아주 천천히 걸으면서 발의 움직임과 디딤에 주목하는 것이다. 왼발, 오른발, 왼발, 오른발, 이렇게 번갈아 내딛는 발걸음을 자각할 수 있도록 마음을 수련하며, 그곳에 마음을 쏟아야 한다는 사실을 끊임없이 생각해야 한다.

마음에 주목하기 마음이 어떻게 움직이는지를 의식하는 것이다. 어떤 감정이나 생각이 떠오르면, 그것이 유쾌한지 불쾌한지 중립적인지를 관찰한다. 이때 그 생각에 대해 감정을 가져선 안 된다. 생각이 흘러가게 그냥 내버려두고 다시 몸의 움직임으로 주의를 돌린다.

걷기명상은 일상생활 속으로 자각을 끌어들이는 훌륭한 방법이다. 아마도 대부분의 사람들에게는 마음 챙기기를 연습하는 데 걷기명상이 제일 쉬운 방법일 것이다. 또 별다른 불편 없이 생활 속에서 실천할 수 있는 방법이기도 하다. 누구든 이 명상법을 가장 먼저 시도하는 편이 좋다. 걷기명상은 행동을 크게 변화시킬 필요가 없기 때문이다. 하루 종일 할 일을 하면서 조금씩 명상 시간을 늘려갈 수도 있다. DALAI LAMA

숨쉬기

걱정이 있거나 스트레스를 받았을 때 심호흡을 하면 마음이 차분해진다. 숨쉬기는 간단하지만 효과적인 명상법이다. 심호흡의 목적은 마음을 차분히 가라앉히는 것이다.

힘을 들여야 하는 일이 아니기 때문에 사람들은 숨쉬기에 대해 그다지 깊이 생각하지 않는다. 하지만 호흡을 살피면 모든 것을 알 수 있다. 숨쉬기에는 스트레스에 대처하는 능력이 있고, 또 우리의 감정 상태가 반영된다. 긴장할 때면 숨을 죽이는가? 중대한 결정을 빠른 시간 내에 내려야 할 때 숨을 멈추는가? 살아가면서 부침을 겪을 때마다 자신의 호흡이 어떻게 변하는지 알기는 하나?

대부분의 사람들은 자신의 호흡 패턴을 의식하지 않는다. 불교에서는 숨쉬기가 생기와 연결되어 있다고 생각한다. 제대로 숨을 쉬면 그 자연스러운 리듬을 타고 감정도 차분해진다. 침착한 마음이 얼마나 중요한지는 우리 모두 잘 안다. 힘든 상황이 닥쳤을 때 자신의 호흡이 어떻게 변하는지 살펴보라. 호흡의 템포와 리듬, 그리고 숨쉬기가 힘들지는 않은지 관찰하는 것이다. 만약 힘들다면, 간단한 숨 조절법을 통해 여유 있고 자연스러운 리듬을 되찾아야 한다. 숨을 들이쉴 때는 배와 허파에 공기를 가득 채우고, 내쉴 때는 배가 쑥 들어갈 때까지 공기를 내보내야 한다. 그런데 놀랄 정도로 많은 사람들이 이것과는 정반대의 방법으로 숨을 쉰다!

초보자들이 자신의 호흡을 살피고 조절하는 효과적인 방법이 두 가지 있다.

숫자 세기 숨을 들이쉴 때와 내쉴 때 4 또는 6까지 숫자를 세면서 자연스러운 리듬으로 숨을 쉰다. 이때 수를 세는 것은 사실상 만트라를 외거나 명상하는 것과 같은 효과를 낸다. 만트라나 명상은 마음에서 걱정을 덜어준다.

따라가기 호흡이 자연스러운 리듬을 되찾으면 숫자 세기를 멈추고 자신의 호흡 패턴을 따라간다. 들이쉬고 내쉬고, 들이쉬고 내쉬고, 이렇게 5분 정도 하다 보면 스트레스가 줄어들고 금세 머리가 맑아진다. MUYZENBERG

앉아 있기

 좌선의 목적은 걷기명상과 같다. 발의 움직임 대신 호흡에 집중한다는 점이 다를 뿐이다. 좌선을 하면 마음을 산만하게 하는 외적인 요인들에 신경 쓰지 않고 명상과정에 좀더 집중할 수 있다.

바닥이나 단단한 의자에 책상다리를 하고 앉는다. 반드시 허리를 곧게 펴고 어디에도 기대지 말아야 한다. 몸을 기대면 지나치게 편해져서 잠이 온다. 특별히 정해진 자세는 없다. 편하고 안정된 자세로 앉기만 하면 된다. 몸을 기대지 않고 허리를 곧게 펴면 몸의 균형을 잡으려고 애쓰지 않아도 오랫동안 편하게 앉아 있을 수 있다. 이렇게 하는 이유는 마음이 몸을 걱정하지 못하게 하기 위해서다. 차분하게 자기 내면을 들여다보는 명상을 통해 마음수련을 하는 것은 매우 섬세한 과정이다.

숨을 깊이 들이쉬었다가 천천히 길게 내쉰다. 다시 깊이 숨을 들이쉬면서 몸을 쭉 펴고, 천천히 길게 내쉰다. 이렇게 스물네 번 반복한 다음 정상적인 호흡으로 돌아간다. 자리에 앉아 있는 자기 몸을 느끼고, 들숨과 날숨을 자각한다. 만약 머릿속에 딴생각이 떠오르면 그 사실을 깨닫는 즉시 그 생각을 버리고 다시 호흡에 집중한다.

좌선을 하려면 걷기명상보다 준비할 것이 좀더 많다. 하지만

그만큼 깊이 있는 체험을 할 수 있다. DALAI LAMA

나의 경우, 처음 좌선을 했을 때는 걷기명상보다 훨씬 어려웠다. 호흡에 정신을 집중하기보다 발의 움직임에 집중하기가 더 쉬웠다. 그런데 좌선에서는 호흡에 정신을 집중하는 것이 필수적이다. 좌선의 목적은 걷기명상과 같다. 마음속에 떠오르는 생각과 감정들을 통제하는 것이다. 하지만 좌선을 할 때는 수동적으로 가만히 있어야 한다는 점(그것도 책상다리 자세로!)이 육체적으로 힘들었다.

걷기명상과 좌선은 모두 부정적인 감정을 조절하고, 산만한 생각들을 줄이고, 집중력을 향상시켜준다. 하지만 이런 효과가 즉시 나타나지는 않는다. 처음에 몇 번 연습한다고 해서 금방 달라지지 않는다는 말이다. 모든 명상이 그렇듯이, 끈기 있게 연습하고 실천해야 성공한다. MUYZENBERG

집중하기

집중명상은 말 그대로 한 가지 대상에 정신을 집중해서 마음의 중심을 찾는 것이다. 정신을 집중하는 대상은 꽃이 될 수도 있고, 어떤 색깔이 될 수도 있고, 펜

이나 돌멩이가 될 수도 있다. 사람에 따라 눈을 감고 집중할 대상의 모습을 머릿속에 그려보는 게 더 나을 수도 있고, 눈을 뜨고 명상하는 게 더 효과적일 수도 있다.

하나의 대상에 확실하게 초점을 맞추면 긴장이 풀어질 것이다. 하지만 긴장이 너무 풀리면 생각이 산만해지거나 졸릴 수 있다. 따라서 대상과 내 마음이 하나가 된 것처럼 정신을 집중하면서도 얼마간의 긴장은 유지해야 한다. 이렇게 편안하면서도 긴장감을 가지고 정신을 바짝 차린 상태가 조화를 이루는 것이 중요하다. 정신을 집중하는 대상의 이미지는 반드시 또렷하고 확실해야 한다. DALAI LAMA

 태국 랜드 앤 하우지스의 CEO인 아난트 아사바보킨은 아름다운 산이나 바다나 풍경을 선택해서 정신을 집중한다고 한다.

달라이 라마와 함께한 2주간의 수련이 끝날 무렵, 달라이 라마는 내게 멋진 불상을 선물로 주었다. 그 불상은 지금 내 책상 위에 놓여 있다. 집중명상을 할 때 나는 불상의 모습을 세세히 기억해내려고 애쓴다. 불교의 가르침에 따르면, 선택한 대상을 마음속에서 가능한 한 생생하고 밝게 떠올려야 한다. 아주 어려운 일이지만 성공하고 나면 마음이 평화로워진다. MUYZENBERG

분석하기

 분석명상은 어떤 대상을 다각도에서 분석하고, 자신이 원하는 만큼 오랫동안 그 대상에 정신을 집중하는 능력을 강화시키는 연습이다. 분석명상을 할 때는 이성적으로 추론하는 방법을 쓰며,[4] 체계적인 탐구와 분석을 통해 내면의 변화를 유도한다. 이렇게 하면 자신의 지적 능력, 즉 추론과 분석 능력을 적절히 이용해서 삶에 대한 이해와 만족감을 높일 수 있다. 집중명상과 분석명상의 차이가 집중하는 대상에 있는 것은 아니다. 다만 각각의 명상이 마음을 이끌어나가는 방법이 다를 뿐이다.

분노 같은 부정적인 감정을 예로 들어보자. 분석명상은 분노가 자신의 육체적 건강과 감정에 파괴적인 영향을 미친다는 사실을 생각하는 것에서부터 출발한다. 이 사실을 곰곰이 생각해보라. 한두 번 생각하다 말면 안 되고, 삶에 대해 깊이 이해하게 되었다고 느낄 때까지 계속해야 한다. 충분한 이해에 도달했다면, 이제 누군가 나를 해치는 상황을 상상해보자. 그러면 대번에 화가 날 것이다. 하지만 우리는 명상을 통해서 분노의 파괴적인 본질을 이미 살펴보았으므로, 분노에 굴복해서 화가 점점 더 커지도록 방치하다가 마음의 고삐를 놓치면 안 된다는 점을 즉시 자각하게 된다.

이 말은, 누군가가 정말로 우리를 해치려 할 때 가만히 있어야 한다는 뜻은 아니다. 오히려 그럴 때는 자신과 다른 사람들이 피해를 입지 않도록 대응해야 한다. 때로는 강하게 반격할 필요도 있다. 하지만 명상을 하면 파괴적인 결과를 불러올 분노를 조금 늦이고 증오심 없이 상황에 대처할 수 있다.

우리 중에는 과거에 후회할 만한 행동을 저지른 경험이 있는 사람들이 많을 것이다. 하지만 그런 행동을 했다고 해서 영원히 나쁜 사람이 되는 것은 아니다. 마찬가지로 우리는 다른 사람이 저지른 나쁜 행동과 그 사람 자체를 분리해서 볼 줄 알아야 한다. 그 사람이 나쁜 짓을 저지를 때 우리가 모르는 어떤 요소들이 작용했을 수도 있다는 점을 스스로에게 일깨우라. 연습을 하면 좀더 넓은 시각에서 상황을 분석할 수 있게 된다. 심지어 나쁜 행동이나 힘든 상황을 자신이 더 강해지고 성장할 수 있는 기회로 이용할 수 있게 된다.

타인의 노력과 자비를 분석명상의 대상으로 삼을 수도 있다. 자비의 덕에 대해 명상하는 것은 가치 있는 일이다. 우리는 전적으로 다른 사람들에 의지해 살아가는 존재다. 음식을 얻는 것도 남에게 의지한다. 입을 옷을 구하는 것도 남에게 의지한다. 살 집을 구할 때도 남에게 의지한다. '내가 전부 내 돈을 주고 산 거야!' 하고 생각할 수도 있다. 하지만 그 돈도 허공에서 뚝 떨어진 것이 아니라 남에게 의지해서 벌어들인 것이다.

'그렇긴 하지만, 남들이 나를 도우려고 도운 게 아니잖아. 자기들도 살려고 애쓰는 과정에서 어쩌다 보니 그렇게 된 거야.' 이렇게 반론을 펼칠 수도 있다. 맞는 말이다. 하지만 내가 아끼는 것들 중에는 나에게 애정을 되돌려주지 않는 것들도 많다. 만일 내 손목시계가 바닥에 떨어져 깨진다면 안타까울 것이다. 하지만 시계가 나에게 어떤 감정을 품고 있기 때문에 내가 안타까워하는 것이 아니다. 시계가 내게 유용하기 때문에 아까운 것이다. 마찬가지로, 세상 사람들이 일부러 나를 도우려 한 것이 아니어도, 그들의 노력이 나에게 유용하다면 그들의 수고를 인정해야 한다. 우리의 생존이 바로 그들의 수고에 달려 있기 때문이다. 이렇게 계속 생각하다 보면 우리는 태도를 바꾸지 않을 수 없다.

분석명상은 우리가 더 깊이 이해하려고 애쓰는 모든 개념을 대상으로 삼을 수 있다. 예를 들어, '무상' 같은 어려운 개념을 더 깊이 이해하고 싶다면, 그것을 명상의 대상으로 삼아라. 그리고 살아 있는 것들, 죽은 것들, 삶의 단기적 측면과 장기적 측면에 무상의 이치를 이리저리 적용하고 탐구해보라. 과학, 음악, 경제 분야의 다양한 현상이나 행복에 관해서도 무상을 생각해볼 수 있다.[5] 이렇게 탐구하면 우리의 지식이 한층 더 깊어질 것이다. DALAI LAMA

마음으로 그리기

마음으로 그리기는 심상心想 연습이라고도 한다. 이 수련을 하려면 마음을 다스리는 능력이 일정 수준 이상 되어야 한다. 심상 연습은 내가 뭔가 다른 존재로 변하는 상상을 하는 것이다. 불교도가 아닌 사람들은 마음을 차분히 가라앉히는 연습이라고 생각하면 된다. 심상 연습의 예를 하나 들어보자.[6]

자기 몸에 세 개의 길이 있다고 상상한다. 가운데 길은 새끼손가락 너비의 투명한 관으로 정수리에서 시작해 척추 끝까지, 몸의 한가운데를 따라 직선으로 뻗어 있다. 오른쪽과 왼쪽의 길도 투명한 관이지만 가운데 길보다는 좁다. 이 두 길은 콧구멍에서 시작해 정수리로 올라간 다음, 우산 손잡이처럼 휘어져 가운데 길과 나란히 뻗어 있다. 두 길은 척추와 평행을 이루며 이어지다가 배꼽 약간 밑에서 가운데 길과 합쳐진다.

세 갈래 길이 마음속에서 확실하게 그려졌다면 다음 단계로 나아간다. 먼저 왼쪽 콧구멍으로 숨을 들이쉬고 공기가 왼쪽 길을 따라 정수리로 올라갔다가 배꼽까지 계속 내려가 오른쪽 길로 옮겨간다고 상상한다. 그런 다음 오른쪽 길을 통해 숨을 내쉰다. 공기는 정수리를 지나 오른쪽 콧구멍으로 흘러나간다. 이 과정을 세 번 반복한다. 그 다음에는 방법은 똑같지만 방향을 바꿔, 오른쪽 콧구멍으로 숨을 들이쉬었다가 왼쪽 콧구멍으로 내보내기를 세 번 반복한다. 마지막으로 양쪽 콧구멍으로 동시에 공기를 들이쉰다. 공기가 정수리를 지나 오른쪽과 왼쪽 길로 갈라져 내려가다 세 길이 만나는 지점에 이르면 골반 안쪽에 힘을 주고 숨을 참는다. 더이상 참기 힘들어지면 즉시 콧구멍으로 숨을 내쉰다. 이때, 공기는 밖으로 내뿜어진 것이 아니라 가운데 길 안에서 녹아버렸다고 상상한다. 이것을 세 번 반복한다.

이 설명을 처음 읽었을 때 나는 말도 안 되는 소리라고 생각했다. 나는 천성적으로 의심이 많아서 이 방법을 직접 해보기로 마음먹기까지는 시간이 좀 걸렸다.

붓다는 직접 경험해보고 그 경험을 바탕으로 두루 확인하기 전에는 아무것도 믿지 말라고 가르친다. 이런 태도를 가장 알아듣기 쉽게 설명한 사람은 피에트 허트이다. 천체물리학자이자 프린스턴 대학 교수인 그는 「인생은 실험실」[7]이라는 글에서 이렇게 썼다.

"과학자들이 '종교'라는 단어를 입에 담기조차 꺼리던 시절이 있었다. 그런 시절이 수십 년 이어진 뒤에야 나를 비롯한 많은 동료 과학자들은 숨어 있던 벽장에서 나왔다. 우리는 과학의 보편적인 주제와 인간에게 깊이 각인된 경험들에 대한 논문을 쓰고 학회를 열면서 영성을 인정했다. 나는 인생을 실험실로, 우리 자신과 이 세상을 탐구해볼 기회로 생각하게 되었다."

나는 허트가 정곡을 찔렀다고 생각했다. 그리고 심상 연습을 한번 해보기로 했다. 나는 인도에서 아주 기본적인 시설만 갖춰진 텐트에서 2주 동안 생활했다. 가족들은 내 몰골이 형편없을 거라 예상했지만 놀랍게도 나는 살이 약간 빠졌을 뿐, 정신적으로는 아주 좋은 상태였다. 명상이 바라던 효과를 낸 것이다. 확실한 것은 내 마음이 평온해졌다는 사실이다. MUYZENBERG

만트라 외기

 만트라 외기는 좀더 발전된 형태의 명상으로, 자연스럽게 다가가기 어려운 사람들도 있을 것이다. 불교도가 아닌 사람들에게 이 명상은 역시 마음을 차분하게 가라앉히는 목적으로 활용된다. 만트라mantra는 '마음'을 뜻하는 만나manna와 '보호'를 뜻하는 트라tra가 결합된 것으로,[8] 붓다의 깨달음이 담긴 심오한 문장을 가리킨다. 불교에서는 만트라를 외면 번뇌와 부정적인 감정으로부터 마음을 보호할 수 있다고 믿는다. 또 만트라 외기가 영적인 성장에도 도움이 된다고 믿

는다.

만트라는 목적에 따라 여러 가지가 있다. 예를 들어, 선한 마음을 갖고자 한다면 '옴 마니 파드메 훔'이라는 만트라에 정신을 집중한다. 이 만트라는 사람이 죽었을 때 봉헌의 말로도 자주 사용된다. 나는 어머니가 돌아가셨을 때 형님, 다른 사람들과 함께 옴 마니 파드메 훔을 십만 번 이상 외었다.

옴 마니 파드메 훔의 의미를 알면 기운이 난다.[9] 옴은 몸, 말, 마음을 뜻한다. 옴이라는 소리를 내는 것은, 붓다가 그러했듯이 우리도 순수한 몸, 말, 마음을 수련하고 싶다는 뜻이다. 여기서 순수함이란 부정적인 생각이나 감정, 해로운 행동이 없는 상태를 가리킨다. 옴을 제외한 나머지 음절들은 순수한 상태로 옮겨가기 위한 수련 방법을 상징적으로 설명한다. 보석을 뜻하는 마니는 바른 일, 즉 이타적인 목적으로 바르게 행동하는 것을 상징한다. 파드메는 연꽃을 뜻한다. 연꽃은 진흙 속에서 자라지만 가장 완벽한 백색이다. 따라서 연꽃은 우리의 마음이 진흙으로 더럽혀져 있더라도 하얀 연꽃처럼 순수해질 수 있음을 뜻하며, 이것은 바른 눈의 이치와 닿아 있다. 훔은 '나눌 수 없다'는 뜻이다. 즉 바른 눈과 바른 일이 반드시 하나로 조화되어야 한다는 뜻이다(1, 2장 참고). DALAI LAMA

제2부

조직 이끌기

조직을 이끄는 힘은 어디에서 오는가

 강인하고 따스한 마음을 지닌
집단을 창조해내고 사물의 진정한
모습을 보는 것이 리더의 책무다

CHAPTER 04

리더는 무엇을 하는가
The Leader's Purpose

고독한 믿음은
실패한다

 전 세계의 티베트인들은 티베트 망명정부의 수반인 나를 항상 진심 어린 마음으로 환대해준다. 그런 티베트인들에게 미래에 대한 믿음을 주는 것이 나의 가장 큰 임무 중 하나라고 생각한다. 티베트인들의 믿음이 어찌나 강한지 나도 놀랄 정도이다. 수많은 티베트인들이 티베트 바깥에서 비참하게 살아가면서도 여전히 믿음과 쾌활함을 잃지 않고 있다.

사람들에게 믿음을 불어넣을 때 리더는 그것이 바른 믿음

이 되도록 신중해야 한다. 리더는 정직해야 하고, 맹목적인 믿음을 요구하면 안 된다. 반드시 믿음과 지혜를 잘 조화시켜야 한다. 이때 지혜란 바른 눈을 의미한다. 바른 눈이란 현실을 정확하게 꿰뚫고 연기, 상호의존, 무상의 이치를 이해하는 것이다. 믿음에는 항상 뒷받침이 필요한데, 그 뒷받침은 바로 지혜에서 나온다.

현명한 리더는 어떤 목표나 일의 원인과 결과를 살핀다. 그것이 옳은지, 적절한지, 진실인지, 거짓인지를 살피는 것이다. 혼자 고독하게 서 있는 믿음은 속임수에 넘어가거나 판단착오를 일으키기 일쑤다. 또 감정 상태에 따라 쉽게 흔들린다. 지혜가 없으면 사람들이 하는 말이 옳은지 그른지 따져보지 않고 무조건 믿게 된다. 믿음은 우리에게 무엇이든 해낼 수 있는 힘, 심지어 악한 행동을 저지를 수 있는 힘까지 줄 수 있다. 나는 믿음이 아주 강해지면 지혜의 고삐로 믿음을 통제해 균형을 유지해야 한다고 사람들에게 말한다.

하지만 믿음이 없는 지혜도 아무 소용이 없다. 행동으로 옮길 수 있는 힘이 약해지기 때문이다. 지혜는 믿음에 나아갈 방향을 알려주고, 포기하지 않고 계속할 수 있도록 믿음을 지탱해준다. 이 둘은 목표를 이루기 위해 서로 협력하는 파트너이다. 물론 믿음은 궁극적으로 개인의 문제이다. DALAI LAMA

 많은 사람들이 기업에도 정부에도 바른 리더가 없다고 생각한다. 나쁜 리더가 많은 것은 분명하다. 그래서 각종 스캔들이 터지고 여러 기업들이 이미지를 망친다. 마찬가지로 한 나라의 리더가 부실하면 그 나라는 가난과 전쟁에 시달리게 된다.

사람들이 세상이 공평하지 않다고 느끼는 것은 심각한 문제다. 잘사는 나라의 사람들은 빈부격차가 커지고 일자리에 대한 불안감이 강해지면서 그런 생각을 한다. 개발도상국이나 빈곤국의 사람들은 사회적 불의에 매우 민감해지고 자신들이 가난에 시달리며 인간적 존엄을 훼손당하고 있다는 사실에 분개한다. 그들은 기업과 국가의 리더 모두에게 그 책임을 묻는다.

리더의 또다른 중요한 책임은 위기에 대처하는 것이다. 세계의 상호연관성이 커지면 두 가지 상반된 효과가 나타난다. 시스템이 작동하면서 일정 정도의 충격에는 효과적으로 대처할 수 있지만, 한 분야에서 벌어진 작은 사건이 다른 많은 분야에서 재앙을 일으킬 가능성도 높아진다. 2007년 말, 미국의 서브프라임 모기지론 사태가 일으킨 파장이 좋은 예이다. 미국의 금융기관들은 빚을 갚을 능력이 없는 사람들에게 대출을 해준 뒤, 그 대출상품들을 합쳐서 다양한 투자 상품을 내놓았다. 하지만 사람들이 빚을 갚지 못해 집을 차압당하는 경우가 늘어나면서 각종 투자상품도 그 기능을 상실하고 말았다. 그 결과 전 세계의 주요 금융기관들이 최소 2천억 달러의 손실을 입은 것으로 추정된다. 이처럼 복잡한 시스템이 서로 연결되어 있음을 감안하면, 리더는 위기가 발생했을 때 무엇보다도 침착하고 평온해야 하며 마음의 중심을 놓치지 않아야 한다.

이러한 과제들은 점점 더 중요하고 시급한 문제가 되어가고 있다. 이를 감당하기 위해 리더는 마음을 다스리는 능력을 더욱 강화시켜야 한다. 바른 눈과 바른 일의 이치를 따르면 마음을 제어하는 데 큰 도움이 된다. 직원들이 자신의 실력을 인정받고 있으며, 채용과 승진이 아무런 차별 없이 실력에 따라 이루어진다고 느끼면, 직장 내의 모든 것이 공평하게 돌아간다고 믿게 될 것이다. 소비자들도 마찬가지다. 기업들이 소비자의 행복을 진지하게 고민한다는 것을 보여주고 공정하게 기업 활동을 하면 소비자들은 기업을 신뢰할 것이다.

이번 장에서 우리는 리더가 기업이 추구해야 할 목표를 설정하고, 모든 직원이 지켜야 할 가치관을 정립하는 일이 왜 필요한지를 살펴볼 것이다. 또한 효과적인 의사결정, 변화에 대처하는 법 등 리더가 반드시 갖추어야 할 자질들을 살펴보고, 리더를 선택해 양성하기 위한 몇 가지 방안들을 제안할 것이다.

사람들에게 행복해질
기회를 주라

　고전이 된 저서 체스터 바나드의 『민주적 과정에서의 리더십의 딜레마』[1]에 제시된 리더의 책무를 살펴보는 것은 지금도 의미가 있다. 바나드가 말하는 리더의 임무는 목표 설정하기, 의사소통 시스템 구축하기, 유능한 인재를 끌어들이고 계속 붙들어두기, 직원들이 회사의 목표를 실현하기 위해 최선을 다하도록 격려하기 등이다.

　별로 어려울 것이 없어 보인다. 그렇다면 왜 수많은 리더들이 진정한 리더십을 갖추지 못하고 있을까? 유능한 리더가 되려면 믿음을 창조해낼 수 있어야 하는데, 모든 사람이 그런 재능을 지니고 있는 것은 아니기 때문이다. 바나드는 이렇게 말한다.

　"리더는 믿음을 만들어냄으로써 사람들이 서로 협조해 결정을 내리게 해야 한다. 서로를 이해할 수 있다는 믿음, 결국은 성공할 거라는 믿음, 각자 저마다의 꿈을 이룰 거라는 믿음, 리더의 인격에 대한 믿음, 공동의 목표를 자신의 목표로 삼는 것이 훌륭한 일이라는 믿음을 만들어내야 한다. 사람들이 끊임없이 만족감과 의욕을 주고받으며 계속해서 활기차게 노력할 수 있으려면 이러한 믿음이 필요하다. 이러한 믿음을 만들어내지 못하는 기업은 생기를 잃고 결국 망할 것이다. 리더십이 아니라 협동이야말로 창조적인 일이다. 하지만 이것이 성공하려면 반드시 리더십이 필요하다.”

훌륭한 리더는 조직의 목표를 분명하고 명확하게 제시할 줄 알아야 한다. 그런데 이것은 그야말로 어려운 일이다. 의미 있고 실현 가능한 목표 없이, 직원들의 사기와 의욕을 고취시키기는 거의 불가능하다. 사람들은 자신이 하는 일의 목표가 무엇인지 알고 싶어한다. 아니, 반드시 목표를 알고 있어야 한다.
   짐 콜린스는 베스트셀러『좋은 기업을 넘어 위대한 기업으로』에서 명확한 목표를 갖는 것이 얼마나 중요한지를 잘 설명했다.[2] 그는 15년 동안 (주식가치를 기준으로) 거둔 실적을 바탕으로 ‘위대한’ 기업들을 선정하고, 이들을 같은 분야의 다른 기업들과 비교해보았다. 이 비교조사를 통해 콜린스는 위대한 기업들조차 목표를 명확히 설정하는 데 1년 이상이 걸리고, 그 목표를 실행하는 데는 몇 년씩이나 걸리는 경우가 허다하다는 사실을 발견했다. 대부분의 경우, 유능한 경영진이 확실하게 자리를 잡아야만 기업의 목표가 명확하게 규정되었다. 그렇게 정해진 목표에 확신을 갖고, 그것을 사람들에게 설득하고, 솔선수범하며, 직원들이 그 목표를 실현하도록 독려하는 리더가 없다면, 그 목표는 바람 빠진 풍선이 되어버린다.

기업들은 대개 목표를 '미션'이라고 부른다. GE의 CEO를 지낸 잭 웰치는 최근 자신의 세미나에 참석한 CEO들의 60퍼센트가 기업의 미션을 설정하지 못한 상태이고, 80퍼센트는 기업의 가치관을 분명히 확립하지 못하고 있다는 사실에 깜짝 놀랐다. 더구나 기업들이 설정한 미션의 상당수가 무의미한 것들이었다. '우리의 목표는 업계 최고가 되는 것' 등이 그러한 예이다. 이에 비해 구글은 '전 세계의 정보를 체계화해서 누구나 편리하게 이용할 수 있게 하는 것'이라는 쓸모 있는 목표를 설정해놓았다.[3] MUYZENBERG

 인생의 목표를 갖고자 하는 사람은 많다. 하지만 삶의 목표가 무엇이냐고 물었을 때, 분명하게 대답할 수 있는 사람은 많지 않을 것이다. 나는 그런 질문을 받으면 이렇게 대답한다. "내 인생의 목표는 행복해지는 것입니다." 사람들이 조직 속에서 소속감을 느끼려면 먼저 공동의 목표, 행복해지고 싶다는 공통의 소망이 있어야 한다. 우리가 어떤 회사에 들어간 뒤에 그 회사의 목표가 마음에 안 든다거나, 그 회사에 분명한 목표가 없다는 사실을 알게 되면 실망해서 의욕을 잃어버릴 것이다. 그러면 행복해질 기회도 사라진다. 강인

한 리더가 명확한 목표를 효과적으로 제시한다면, 사람들은 그 회사의 일원이 되었다는 사실에 행복해질 것이다. DALAI LAMA

리더는 원칙을 만든다

 명확한 목표 설정과 더불어, 경영진과 직원들이 결정을 내리거나 실행에 옮길 때 지켜야 할 가치관이나 원칙을 정립하는 것도 리더의 중요한 책무다. 이때 가치관은 비즈니스의 원칙, 가치관, 윤리규정, 행동규정, 기업의 책임선언 등 다양한 이름으로 불린다.

직원들이 이런 가치관에 확신을 갖고 원칙에 따라 행동하는 것은 분명 리더에게 달려 있다. 따라서 리더는 원칙을 세울 때 다른 사람에게 맡기지 말고 스스로 리더십을 발휘해야 한다.

셸의 CEO였으며 현재 ING 그룹의 회장인 코르넬리위스 헤르크스트뢰터는 이런 원칙들을 마련하기가 몹시 힘들다고 털어놓는다. 그는 '무슨 일이 있어도' 원칙을 바꾸지 않으면 그 가치가 엄청나게 증가한다고 말한다. 하지만 해마다 원칙을 바꾸면, 처음에는 직원들이, 나중에는 회사 전체가 원칙의 가치를 인정하지 않게 된다. 그는 말한다. "일단 원칙이 확고해지고 나면, 그때 가서 사람들은 '그래, 이런 원칙은 나라도 만들 수 있겠어'라고 합니다."

헤르크스트뢰터는 이런 원칙의 특징을 네 가지로 요약한다.

- 반드시 명확하고 이해하기 쉬워야 한다.
- 직원들의 마음을 움직일 수 있어야 한다.
- 직원들이 책임감 있는 결정을 내리는 데 도움이 되어야 한다.
- (글로벌 기업의 경우) 다른 문화권에서도 의미가 있어야 한다.

'기업시민정신'은 기업의 행동규정을 확장한 개념이다. 이것은 기본적으로 기업도 시민과 마찬가지로 책임 있는 사회 구성원으로서 행동해야 한다는 뜻이다. 새롭게 떠오르고 있는 이 운동은 '지속 가능한 발전' '기업의 사회적 책임CSR' '3대 축' 등, 여러 가지 이름으로 불린다.

이름이야 어떻든, 기업시민정신이란 바른 눈과 바른 일이라는 불교의 이치를 개인이 아닌 기업에 적용한 것이다. 흔히, 비즈니스에서는 '이해당사자'라는 표현을 쓰는데, 이때 이해당사자란 단순히 투자자를 뜻하는 말은 아니다. 특히 기업시민정신이라는 맥락에서 이 말을 사용할 때는, 기업의 행동에 영향을 받는 개인과 조직이 모두 포함된다. 직원, 주주, 고객, 거래처

등 내부 관계자들뿐만 아니라, NGO, 정부기관, 기업이 속한 지역사회 등 많은 외부 조직들도 포함된다. (이해당사자를 이렇게 정의할 때, 환경이 포함되는 경우도 많다. 인간의 행동이 환경에도 영향을 미치기 때문이다.) 이러한 정의는 바른 일이라는 개념과 잘 들어맞는다.

달라이 라마는 이 두 개념의 관련성을 다음과 같이 설명한다. <small>MUYZENBERG</small>

바른 일의 이치를 따른
기업 원칙 사례

 기업들이 표명한 원칙 중에는 바른 일의 이치를 보여주는 것이 여럿 있다. 예를 들면 다음과 같다.[4]

- 모든 직원은 정직하고, 성실하고, 공정하게 행동해야 한다.(바른 행동)
- 우리가 제공하는 서비스와 세상에 미치는 영향을 통해, 전 세계 사람들이 더욱 충만한 삶을 살 수 있게 돕는다.(타인의 행복에 대한 관심)
- 우리는 지역사회에 참여할 책임이 있으며, 기부 등을 통해

우리의 자원을 효과적으로 사용함으로써 사회에 기여할 것이다.(책임 있는 행동)

- 우리는 지속 가능한 기업 활동과 환경보호에 최선을 다한다.(환경에 대한 관심)

- 고객은 우리를 믿는다. 따라서 우리는 고객의 욕구를 먼저 파악해 기쁨으로 보답하기 위해 최선을 다한다.(타인의 행복에 대한 관심) DALAI LAMA

결정을 늦춰라

 지금까지 리더의 주요 임무는 목표 설정하기, 가치관 확립하기, 믿음 창조하기, 바른 결정 내리기라는 것을 살펴보았다. 조직의 리더를 보면 그 조직이 성공할지 아닐지 알 수 있다는 말에 대부분 동의할 것이다. 그렇다면 리더의 자리에 걸맞은 사람은 어떤 사람일까?

체스터 바나드는 재능과 성격을 구분하며 이렇게 말한다.

"리더는 기술, 직관, 지식, 기억, 상상력의 측면에서 남들보다 뛰어난 재능이 있어야 한다. 그리고 리더는 평균적인 수준을 뛰어넘는 결단력, 끈기, 용기가 있어야 한다."[5]

불교의 방식으로 조직을 이끌려면 바른 눈과 바른 일이라는 원칙을 실천해서 인격을 닦아야 한다. 이런 원칙들을 꾸준히 실천하면, 바람직한 자질들이 형성되기 시작한다.

예를 들어, 리더는 때로 위험을 무릅쓴 모험을 피할 수 없다. 잘못된 결정을 내렸을 경우, 책임은 리더에게 있다. 또 리더의 자리에 선 사람은 강력한 반대에 부딪힌 모든 사안들이 결국 자신의 책상 위에서 결정을 기다리게 되리라는 사실을 오래지 않아 깨닫게 될 것이다. 따라서 리더에게는 용기가 필요하다.

이때 바른 눈과 바른 일의 원칙을 따른다면, 다양한 측면에서 자신이 내릴 결정을 분석하게 된다. 자신의 결정이 회사와 모든 이해당사자들에게 미칠 영향도 분석 대상에 포함된다. 따라서 모험을 하더라도 위험이 줄어든다. 리더 스스로가 바른 결정을 내렸다는 확신을 얻을 수 있기 때문이다.

네덜란드에서 큰 성공을 거둔 어떤 기업의 CEO와 경영진은 중요한 결정을 내릴 때마다 찬성과 반대 의견을 샅샅이 살폈다. 자기들끼리 격렬한 논쟁을 벌이기도 했다. 그러나 결정은 반드시 다음 날, 서로 감정이 가라앉은 뒤에 내렸다. 타이완 콘티넨탈 엔지니어링 사의 CEO인 잉 니타도 예전에는 강한 리더처럼 보이기 위해 결정을 신속하게 내리곤 했다. 그러나 바른 눈과 바른 일의 원칙을 실천하면서부터 빠른 결정보다는 바른 결정이 훨씬 더 중요하다는 사실을 깨닫게 되었다고 말한다.

불교에서 말하는 '이상적인 인간의 일곱 가지 특징'은 비즈니스 리더에게도 똑같이 적용할 수 있다. 이 특징들을 달라이 라마는 다음과 같이 설명한다. MUYZENBERG

이상적인 인간의
일곱 가지 특징

원칙과 원인을 안다

리더는 자신의 의무와 책임이 무엇인지, 자신이 어떤 과제와 직면하고 있는지 파악해야 한다. 리더는 문제의 원인을 찾아내고, 그 문제를 해결하는 데 어떤 원칙을 적용할 것인지 판단할 수 있어야 한다. 예를 들어, 절제가 부족해서 문제가 생겼을 경우, 리더는 그것을 바로잡기 위해 어떤 조치를 취해야 하는지 알고 있어야 한다.

목표와 결과를 안다

리더는 자신이 지키는 원칙의 의미와 목표를 알아야 한다. 또 자신이 맡은 임무와 자신의 행동 뒤에 숨은 이유도 알고 있어야 한다. 리더는 자신의 행동이 어떤 결과를 낳을지, 그것이 좋은 결과로 이어질지 나쁜 결과로 이어질지를 알아야 한다. 특히 오랜 기간이 지난 뒤에야 결과를 알 수 있는 행동을 하려 하거나, 사람들이 반기지 않는 결정을 고집할 때, 리더에겐 이러한 선견지명이 필요하다.

자기 자신을 안다

리더는 자신의 강점과 지식, 적성, 능력, 미덕을 알고, 자신의 잘못된 점을 고쳐 스스로를 향상시킬 수 있어야 한다. 리더는 또한 회사의 경영이나 이해당사자들에게 미치는 영향과 관련해 자신의 지식이 한정되어 있음을 인식해야 한다. 따라서 리더는 배움에 열성이 있어야 한다.

중용을 안다

리더는 말하거나 일하거나 행동할 때, 중용의 도를 알아야 한다. 리더는 무슨 일을 하건 그것의 목표가 무엇인지, 그로부터 기대할 수 있는 진정한 이득이 무엇인지 알아야 한다. 리더는 오로지 자기가 만족하기 위해, 또는 자신만의 목적을 달성하기 위해 행동하지 않는다. 리더는 항상 자신이 책임지고 있는 조직의 이익을 위해 행동해야 한다.

적절한 때를 알고 시간을 효율적으로 쓰는 법을 안다

리더는 행동에 나서거나 사람들을 상대해야 할 때가 언제인지, 거기에 시간을 얼마나 쏟아야 할지 알아야 한다. 제때에, 적당한 시간을 들여 일해야 한다는 뜻이다. 여기에는 미리 계획을 짜서 시간을 효율적으로 쓰는 법을 아는 것도 포함된다. 리더는 가장 중요한 문제를 파악해서 거기에 힘을 집중하는 통찰력을 갖고 있어야 한다. 이것은 사소한 문제에 시간낭비를 하지 않기 위해 반드시 필요한 능력이다.

조직을 안다

리더는 조직을 상대할 때 염두에 둘 점들을 알아야 한다. 조직 내부의 사람들에게 나름의 규칙과 규정이 있다는 점, 그들 나름의 문화와 전통이 있다는 점, 적절한 방법으로 그들의 욕구를 보살펴 그들에게 혜택이 돌아가게 해줘야 한다는 점이 그것이다. 리더는 기업의 성격을 이해하고, 그 성격은 자신이 만든 것임을 알아야 한다. 만일 기업의 성격 중에 바꿔야 할 부분이 있다면, 리더는 그것이 무엇인지도 알고 있어야 한다.

사람을 안다

리더는 개인들 간의 차이를 알고 이해해야 한다. 사람들과 효과적으로 관계 맺는 법, 사람들에게서 배울 수 있는 교훈,

사람들을 칭찬하고 비판하고 조언하고 가르치는 법을 알아야
한다. DALAI LAMA

리더의 여덟 가지 고민

 수많은 책들이 '위대한' 리더의 특징을 이야기하
고 리더십을 얻기 위해 스스로를 단련하는 방법을
제시한다. 그 책들은 저마다 다른 처방을 내놓는다. 그런데 세
상의 리더들은 모두 다르다. 또한 몇 가지 처방을 따르는 것만
으로 위대한 리더가 될 수 있는 것도 아니다. 하지만 달라이 라
마는 올바른 잠재력을 지닌 사람이 마음수련을 통해 생각하고
행동하는 법을 배운다면, 리더십이 크게 향상될 것이라고 확신
한다.

실제로 리더가 되어본 경험이 없는 사람들은 리더의 역할이
얼마나 힘든지 모른다. 나는 일하던 회사에서 사장으로 승진했
을 때 아주 기뻤다. 하지만 오래지 않아 그 자리가 얼마나 고달
픈지 알 수 있었다. 사람들 사이의 끊임없는 갈등, 불만을 품은
고객들, 회사의 자금 사정 악화, 불리한 환율 변동, 하루에 열
여덟 시간씩 일하던 유능한 직원들의 이직 등등. 이 모두가 내
가 감당해야 할 문제였다. 가장 어려운 문제, 즉 사람들이 도무
지 의견일치를 보지 못하는 문제들에 대한 판단은 항상 리더의

몫이었고, 그래야 마땅했다. 물론 행복한 순간도 많았다. 하지만 나는 리더 노릇이 아주 힘들었다. 리더는 좋은 시절과 나쁜 시절에 모두 잘 대처할 수 있어야 하고, 아무리 힘든 상황에서도 침착하고, 평온하며, 마음의 중심을 잃지 않아야 한다.

불교의 가르침은 정말 다양한 문제들에 대처하는 방법들을 담고 있다. 우리는 그중에서 특히 리더들이 고민하는 대표적인 문제를 골라 '여덟 가지 속세의 걱정'이라고 명명했다. 그 걱정이란 비판, 칭찬, 실패, 성공, 돈 벌기, 돈 잃기, 명성, 아무에게도 인정받지 못하는 것 등이다. 아마 우리 모두가 이런 걱정을 해보았을 것이다. 달라이 라마는 이 걱정들을 다음과 같이 쉽게 설명한다. MUYZENBERG

 여기에 제시된 여덟 가지 속세의 걱정은 혼란스럽고 상충되는 것처럼 보일 것이다. 하지만 이는 의도된 것이다. 각각의 걱정은 서로 반대되는 것끼리 짝을 지어 네 개의 쌍을 이룬다.

- 모욕이나 무시를 당하면 괴롭다
- 칭찬을 받으면 마음이 들뜬다

- 실패를 경험하면 우울해진다
- 성공을 경험하면 행복해진다

- 가난해지면 낙심한다
- 부를 얻으면 기뻐한다

- 인정받지 못하면 화가 난다
- 명성을 얻으면 즐겁다

첫번째 걱정, 모욕이나 무시를 당하면 괴로워지는 것은 칭찬을 받았을 때 마음이 들뜨는 것과 마찬가지로 자연스러운 반응 같다. 하지만 마음수련을 한 사람에게 이것은 자연스러운 반응이 아니다. 수련을 하지 않은 마음은 무시당하면 비참해지거나 화를 낸다. 반면 마음수련을 한 사람은 먼저 이렇게 자문한다. '나를 무시하는 저 사람의 동기가 뭘까? 그는 자기 생각을 주장할 만한 자격이 있나? 그의 생각은 타당한가?' 만일 타당하다면, 그에게서 뭔가 배울 게 있다는 뜻이고, 안타깝게도 내가 뭔가 실수를 저질렀다는 뜻이다. 하지만 그의 의견이 타당하지 않다면, 그렇게 생각되는 이유가 뭔지 설명해본다. 상대가 악의를 가지고 그러한 행동을 했다면, 이를 분노 등의 부정적인 감정을 제어하고 침착함을 잃지 않는 능력을 시험하는 기회로 삼을 것이다. 마음을 닦은 사람은 자기가 심사숙고해서 얻은 결론에 따라 반응한다.

칭찬을 받았을 때도 같은 과정을 거친다. '나를 칭찬하는 저 사람의 동기가 뭘까? 그는 내가 무엇을 성취했는지 정확히 알고서 칭찬하는 걸까? 그의 판단은 가치가 있나? 아니면 그저 듣기 좋은 말을 해주는 것뿐일까? 그도 아니라면, 심지어 뭔가 바라는 게 있어서 아부하는 걸까?' 우리는 칭찬이든 비판이든 그것이 어떤 가치가 있는지 냉정하게 판단해야 한다. 바른 동기나 바른 목표는 비난을 피하고 칭찬을 받는 것이 아니다. 바른 목표는 바로 바른 일을 하는 것이다.

다른 걱정들도 같은 방식으로 분석한다. 실패를 경험하면 우울해지는 것은 성공했을 때 행복해지는 것처럼 자연스러운 반응 같다. 하지만 내가 보기에 우울은 부정적인 감정이다. 그 감정에는 긍정적인 가치가 없어 보인다. 우울은 문제 해결 의지를 북돋워주지 않을 뿐 아니라 오히려 힘을 빼앗아간다. 마음 수련을 한 사람은 실패의 원인이 자신의 실수인지 외부적 여건인지 분석할 것이다. 실수가 원인이라고 판단되면, 앞으로 같은 종류의 실패를 되풀이하지 않기 위해 얻을 수 있는 교훈이 뭔지 살핀다.

성공으로 마음이 들뜨는 것은 긍정적인 에너지를 강화시킨다. 그 자체엔 기운을 떨어뜨리는 부정적인 감정이 없다. 하지만 위험 요소 또한 있다. 나의 성공이 온전히 나의 뛰어난 능력 덕분이며, 따라서 내가 무슨 일을 하더라도 계속 성공할 거라고 믿는 것은 위험하다. 성공은 많은 원인들이 서로 결합되어 빚어낸 결과이다. 성공을 거둔 사람이 내린 결정은 그 많은 원인들 중 하나에 불과하다. 지금의 성공을 만들어낸 여러 여건들과 다른 사람들의 도움에 대해 깊이 생각해보아야 한다. 사람이 자기가 하는 일은 무조건 성공할 거라고 생각하는 것은 당연히 위험한 일이다. 그런 생각이 오만과 잘못된 자부심으로 이어질 수 있기 때문이다.

가난해지면 낙심하고, 부를 얻으면 기뻐하는 것도 지극히 자연스럽다. 가난해지기 위해 애쓰는 사람은 없다. 이 말을 비즈니스에 적용해보면, 손해 보기 위해 애쓰는 장사는 없다. 하지만 많은 기업들이 경우에 따라 손해를 본다. 손실이 발생했을 때 낙심하는 것은 부질없는 짓이다. 손해를 이유로 바꿀 수 있는 방법을 모색하는 것이 올바른 정신자세다. 낙심은 부정적인 감정이다. 반대로 회사가 잘 돌아가 돈이 많이 들어오면 기뻐하는 것이 당연하다. 하지만 그런 상태가 영원히 계속되리라는 생각은 위험하다. 바르게 변화해나가지 않으면 얼마 못 가 손실을 입게 될 것이다. 결론은, 변화하지 않아도 늘 잘될 거라고 생각하지만 않는다면, 얼마든지 기뻐해도 좋다.

명성을 얻으면 즐거워지는 것은, 그 사람이 명성을 얻으려

했기 때문일 수 있다. 명성은 재산과 같다. 절대 만족하지 못하고 계속, 더 많이 원하게 될 가능성이 높다. 아무리 명성이 높아져도 만족할 줄 모르는 사람은 행복해지지 못한다. 명성을 얻는 데에는 분명 한계가 있기 때문이다. 세상에는 늘 나보다 유명한 사람이 있기 마련이다. 또한 명성은 바른 일을 해서 얻은 것만이 훌륭하다. 바른 일이건 아니건 개의치 않고 오로지 명성만을 추구하는 것은 나쁘다. 야망이 큰 사람이 명성에 중독되지 않으려면 상당한 노력을 기울여야 한다.

이렇게 네 가지 걱정의 쌍을 살펴보면, 분명해지는 것이 하나 있다. 기쁜 일이 생겼을 때, 그것이 현재나 미래를 가늠하는 기준으로서 어떤 의미인지 따지지 말라는 것이다. 기쁜 일이 생기면 그저 기뻐하기만 하라. <small>DALAI LAMA</small>

바른 눈의 이치를 따라라

 비판을 받거나 성공한 기업의 예는 아주 많다. 그 중 한 가지 사례가 생각난다. 잘나가는 소프트웨어 회사를 이끌던 CEO가 그해의 100대 경영인 중 한 명으로 뽑혔다. 그녀는 물론 기뻐한다. (만약 그녀가 최악의 경영자 중

한 명으로 뽑혔다면 당연히 낙심했을 것이다.) 100명에 포함되지 못한 경영자는 자기도 거기 끼었어야 한다는 생각에 질투를 느낀다. (최악의 경영자로 뽑힐까봐 마음 졸이던 사람은 자기 이름이 명단에 없는 것을 보고 안심한다.) 이런 반응은 모두 자연스럽다.

하지만 바른 눈을 갖고 마음을 닦은 사람은 다르게 생각한다. 물론 100대 CEO로 뽑힌 것은 기뻐하지만, 그동안 다른 사람들에게서 받은 도움을 생각하며 자신이 행운아라고 생각한다. 반면, 최악의 경영자 명단에 포함된 사람은 낙심할 수밖에 없으므로 먼저 차분히 마음을 가라앉혀야 한다. 회사 동료들도 그 소식을 듣게 될 테고, 가족과 친구들도 다 알게 될 것이다. 하지만 화를 내거나 다른 사람을 탓하는 것은 에너지 낭비일 뿐이라고 생각한다. 자기가 최악의 경영자로 뽑힌 것이 타당한지, 거기서 어떤 교훈을 얻을 수 있는지 따져본다. 다른 사람들에게 자기 생각을 털어놓고 상의도 해본다. 이런 상황을 바꾸기 위해 다 같이 할 수 있는 일이 뭔지 찾아본다. 바른 눈의 이치는 무엇보다도 우리의 자아가 상처를 입었을 때, 마음을 건설적인 방향으로 이끄는 법을 배우는 것이 중요하다고 가르친다.

타이완 콘티넨탈 엔지니어링 사의 CEO 잉 니타는 바른 눈의 이치를 따른 뒤로 자신의 삶에 중대한 사건이 일어났다고 말한다. 그녀는 타이완고속철도회사의 사장이다. 타이완고속철도 회사는 타이완에 고속철도를 건설하기 위한 150억 달러 규모의 입찰에 참가했다. 입찰에서 그녀와 맞붙은 회사는 정부 주요 인사와 줄이 닿아 있었다. 반면 잉 니타는 야당 지도자를 지지했다. 입찰이 시작되었을 때, 타이완고속철도회사는 기술적우위를 앞세워 경쟁사보다 훨씬 낮은 입찰가를 내놓았다. 타이완 정부는 역사상 최대 규모의 공사를 야당 지지자인 여자 사장에게 넘겨주어야 하는 상황에 몹시 당황했다.

예상대로 입찰 결과를 뒤집기 위한 작전이 펼쳐졌다. 세무조사원들이 회사에 들이닥쳐 세금 포탈 증거를 잡기 위해 장부를 뒤졌다. 잉 니타와 그녀의 자녀들은 위협을 느꼈다. 이 작전에 깊이 연루되어 있었던 언론은, 그녀가 대규모 공사를 시행할 능력이 없는 사람처럼 보도했다. 그녀가 감당하기에는 너무 큰 시련이었다. 그녀는 스스로에게 물었다. '나는 지금도 충분히 부유하고 자유롭다. 그런데 계약 하나를 따내기 위해 나와 내 아이들의 삶까지 망칠 필요가 있을까?'

이튿날 잉 니타는 스승인 조파 린포체[6]에게 입찰을 포기하겠다고 말했다. 그러자 스승은 말했다. "옳다고 생각하는 일을 하세요. 하지만 당신이 진행하고 있는 프로젝트가 커다란 선물이라는 점을 생각해보세요."

잉 니타는 스승의 말에 깜짝 놀랐다. "선물이라고요? 설마,

농담이시죠? 그 일이 저를 망가뜨리고 있는데요."

스승은 대답했다. "그 일은 커다란 선물입니다. 당신이 더 좋은 쪽으로 변할 수 있는 기회를 주고 있으니까요. 내가 한 가지만 부탁할게요. 제발 잘 생각해봐요. 그리고 마음을 가라앉히세요. 흥분했을 때는 결정을 미루세요. 그럴 때는 상황을 제대로 볼 수 없습니다."

잠시 머뭇거리던 잉 니타는 조파 린포체의 조언을 따르기로 했다. 그녀는 어떤 결정을 내려야 할지 밤새도록 곰곰이 생각해보았다. 그리고 입찰을 포기하지 않기로 했다. 결국 그녀는 계약을 따냈다. MUYZENBERG

바른 결정을 내리기 위한 네 가지 단계

 1장과 3장에서 설명한 대로 바른 눈과 마음 챙기기를 실천하면, 머릿속에 떠오르는 여러 감정, 인식, 의식을 깨달을 수 있다. 회사의 CEO가 전 직원이 참여해야 할 중대한 문제를 논의하기 위해 이사회를 소집했다. 회의는 열시로 잡혔다. 그런데 예정된 시각, 회의실에 도착한 CEO는 이사 한 명이 없다(인식과 의식)는 사실을 깨닫는다(감정).

그가 선택할 수 있는 방안은 여러 가지다. 문제의 이사가 올 때까지 기다린다. 무시하고 곧바로 회의를 시작한다. 이사의 휴대폰으로 전화를 건다. 이사의 비서에게 전화해 왜 늦는지 물어본다.

마음수련을 하지 않은 사람의 경우 이 상황에 감정이 끼어든다. 그는 정해진 시각에 회의실에 나타나지 않은 이사에게 화가 난다. 그 이사가 나태해진 증거라고 생각할 수도 있고, 제시간에 참석한 다른 이사들과 CEO를 만만하게 여기는 처사라고 생각할 수도 있다. 그러면 CEO는 더욱 화가 날 것이다. 만약 문제의 이사가 평소에도 자주 지각을 했다면 더욱더 그러할 것이다. 마음속에서 부정적인 생각과 감정이 어떻게 생겨나는지를 보여주는 전형적인 예이다.

이때 일어나는 감정은 지극히 자연스러워 보인다. 하지만 마음수련을 하지 않으면 상황을 잘못 해석하는 경우가 많다는 점을 잊어선 안 된다. 마음수련을 하지 않은 사람은 어떤 감정이 떠오르면 그것을 곧바로 이분법(좋다 싫다, 우호적이다 적대적이다, 긍정적이다 부정적이다 등)으로 분류하려 한다.

반면, 마음을 수련한 사람은 감정을 즉각적으로 분류하려는 본능을 제어한다. 그리고 현실을 정확히 파악한 다음, 건설적인 해결책을 찾고 나서, 차분해진 마음으로 바른 결정을 내린다. 이 과정은 네 단계로 구성되어 있다.

1단계 사실은 무엇이고, 무엇이 문제인가?

2단계 문제의 원인은 무엇인가?

3단계 내가 이루고자 하는 것은 무엇인가?

4단계 어떻게 하면 그것을 이룰 수 있는가?

앞의 예로 돌아가보자. 바른 눈으로 상황을 판단한 뒤에 보일 수 있는 반응은 어떤 것일까? 이사가 회의 시간에 회의실에 나타나지 않았을 때, CEO는 흥분하거나, 화를 내거나, 걱정하는 대신 먼저 원인을 파악하려 한다. 원인을 찾아내기 전에는 어떤 반응을 보일지 생각하지 않는다. 그는 이사가 늦은 이유를 알아낸 다음, 자신이 이루고 싶은 목표를 정할 것이다.

이때 마음수련을 한 사람은 다른 각도로도 눈을 돌린다. 모든 사람이 정각에 회의실에 나타나는 것이 얼마나 중요한 일일까? 내가 보일 수 있는 다양한 반응들은 각각 어떤 결과를 낳을까? 회의에 늦은 사람과 늦지 않은 사람들은 이 사안을 어떻게 생각할까? CEO에게 미리 알리지 않고 지각한 이사에게 그럴 만한 이유가 있을까? 그 이사가 회사의 최대 고객과 중요한 계약에 관해 전화 통화를 하고 있었다면, 그것은 지각 사유로 충분할까?

만약 중요한 회의에 지각한 것이 심각한 문제라는 결론에 도달한다면, CEO는 지각을 자주 하는 사람들의 행동을 바꾸기 위해 방법을 찾을 것이다. 과연 CEO는 어떤 조치를 취할 수 있을까? 지각한 이사가 회의실에 나타나면, CEO는 진행된 논의 내용을 요약해서 들려준 다음, 그것을 현장에서 직접 듣는 것이 얼마나 중요한지 강조할 수 있다. 하지만 지각한 이사에게 결코 화를 내지는 않는다. 마음수련을 한 사람은 화를 내는 것이 문제를 해결해주지 않는다는 사실을 알고 있기 때문이다. 만약 지각이 중대한 문제라는 생각이 든다면 CEO는 지각한 사람을 따로 만나 문제를 제기하든지, 아니면 다음 회의에서 이 문제를 제기하며 자신의 분석결과를 발표할 것이다.

감정, 인식, 의식을 구분하는 데 핵심적인 근거가 되는 것은, 그렇게 함으로써 우리가 더 나은 결정을 내릴 수 있게 될 것이라는 믿음이다. 이것은 마음 챙기기를 점점 더 갈고 닦는 모습을 보여주는 사례이다.

어떤 조직이 이 책에 묘사된 자질을 지닌 리더를 찾으려 한다면, 무엇보다도 조직 전체의 행복을 중시하는 사람이 믿음직하게 보일 것이다. 하지만 오늘날의 기업 환경에서 많은 리더들이 이와는 다르게 생각한다. 심지어 정반대로 생각하기도 한다. 그들은 직원들과 거리를 유지해야 한다고 생각한다. 어려운 결정을 내릴 때는 빈틈없고 냉정해야 한다고 믿는다. 그러나 리더가 정말로 집중해야 하는 문제는 어떻게 직원과 고객과 주주를 만족시킬 것인가이다. 여기에는 다양한 수단과 방법이 있을 텐데, 그중 대다수가 금전적인 측면만을 고려한다. 하지만 조직의 사기를 높이고 좋은 평판을 유지하는 것 또한 중요하다. 우리가 말하는 리더는 분명한 목표를 설정하고 지혜를 발휘함으로써 이를 실천할 수 있는 사람이다. MUYZENBERG

후계자 정하기

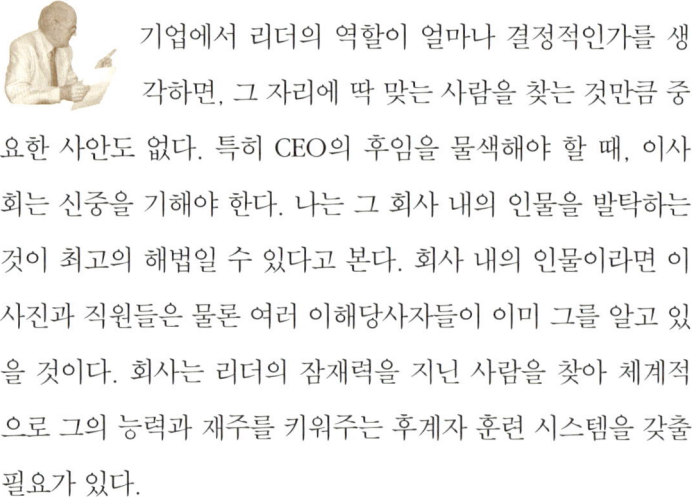 기업에서 리더의 역할이 얼마나 결정적인가를 생각하면, 그 자리에 딱 맞는 사람을 찾는 것만큼 중요한 사안도 없다. 특히 CEO의 후임을 물색해야 할 때, 이사회는 신중을 기해야 한다. 나는 그 회사 내의 인물을 발탁하는 것이 최고의 해법일 수 있다고 본다. 회사 내의 인물이라면 이사진과 직원들은 물론 여러 이해당사자들이 이미 그를 알고 있을 것이다. 회사는 리더의 잠재력을 지닌 사람을 찾아 체계적으로 그의 능력과 재주를 키워주는 후계자 훈련 시스템을 갖출 필요가 있다.

하지만 안타깝게도 대다수의 기업들에는 이런 시스템이 없다. 왜냐고? 용기가 부족하기 때문이다. 이사들은 후임 CEO로 누구를 앉히느냐는 문제를 현직 CEO와 상의하기를 꺼린다.

또한 대다수의 CEO들은 자기 일을 좋아하기 때문에 그럴 수만 있다면 영원히 은퇴를 미루고 싶어한다. 그래서 후계자 훈련 시스템에 시큰둥한 태도를 보이기 마련이다.

외부 인사를 CEO로 영입할 때는 위험 부담이 훨씬 커진다. 내부 인사를 승진시키는 경우보다 더 많은 연봉을 주어야 할 경우도 있다. 연봉의 중요성을 과소평가해서는 안 된다. 내부 인사 중 상당수는 연봉이 적게 오르더라도 최고의 자리에 오르고자 하는 열정을 갖고 있다. 하지만 외부 인사를 영입할 때는 내부 승진에 비해 연봉을 두 배나 지급하게 될 수도 있다. 이는 한 사람의 월급을 올려주는 일로 끝나지 않는다. 다른 경영진들에게도 반드시 보상이 필요하기 때문이다. 결국 외부 인사를 영입할 경우, 이래저래 들어가는 비용을 모두 합치면, CEO의 연봉 자체보다 훨씬 많은 돈이 들어갈 수밖에 없다. 하지만 훌륭한 후계자 훈련 시스템을 갖춘 기업에서도 내부에 적당한 인물이 없으면 외부 인물을 발탁할 경우가 있다. 특히 변화의 시기에는 '신선한 피'를 수혈하는 것이 득이 될 수도 있다. MUYZENBERG

 이사회가 내리는 결정 중에, 능력 있는 사람을 CEO의 후계자로 뽑는 것보다 더 중요한 문제는 없다. 앞에서 우리는 이상적인 리더의 특징을 살펴보았다. 그

리고 그 특징들은 연습할 수 있는 것이며, 가능성이 풍부한 인물을 리더로 훈련시키는 과정의 일부가 되어야 한다는 점도 알았다.

나는 이 책을 쓰면서 비즈니스 리더들의 역할이 얼마나 복잡한지 알게 되었다. 그리고 리더는 기업 경영에 대해 전일론적 시각을 가져야 한다고 확신하게 되었다. 과거의 리더는 조직 안에서 사람들을 지휘하는 것만으로 충분했는지 모른다. 하지만 지금은 그것만으로는 부족하다. 기업의 리더는 정부, NGO, 고객, 이해당사자 들의 일에도 관여해야 한다. 이를 효과적으로 해내려면, 리더는 다양한 사람들의 다양한 관점을 이해하려노력해야 한다. 적대적인 관계가 되어서는 안 되기 때문에, 겸손이 매우 중요하다. 정부, NGO, 고객, 이해당사자 들은 비즈니스에 관해서는 잘 모르는 경우가 대부분이다. 게다가 현실과 맞지 않는 신념을 갖고 있을 가능성도 높다. 그들이 '진실'을 찾게 도와주는 것은 리더의 임무이다. 오만한 태도는 부정적인 결과를 낳을 것이다. 상대를 존중하는 마음과 인내가 무엇보다 필수적이다. 후계자를 임명하는 사람들이 항상 염두에 두고 살펴야 하는 것이 있다. '리더는 회사에 강인하고 따스한 마음을 보여주어야 할 책임이 있다. 이 사람이 그 일을 해낼 수 있을까?'

나에게도 후계자를 결정하는 일은 매우 중요하다. 이것은 복잡한 문제다. 중국 정부가 티베트를 중국 내의 진정한 자치주로 인정해야만 최종적인 해결책을 마련할 수 있기 때문이다. 나는 지금 아주 건강하기 때문에 내가 죽기 전에 그렇게 될 것이라는 희망을 품고 있다. 하지만 책임 있는 리더로서, 나는 내가 죽을 때까지도 중국 정부가 태도를 바꾸지 않을 경우를 대비해야 한다. 중국 정부가 1980년 이후로 이미 종교에 대한 규제를 완화했지만, 언제쯤 티베트를 올바르게 대하게 될지 예측하기는 불가능하다.

이런 상황에서 바르게 행동하려면 인내와 재능이 필요하다. 그래서 나는 중국 정부의 태도 변화가 너무 늦게 일어날 경우에 대비해서 티베트의 최고 원로들과 함께 후계자 문제를 검토하기로 했다. 우리는 남녀를 막론하고 가장 유능한 사람, 티베트 국민과 티베트 불교 지도자들이 진심으로 지지하는 사람을 선택해 나의 사후에도 바른 리더십을 이어나가도록 할 것이다. 그것이 나의 의무이다. DALAI LAMA

CHAPTER 05

행복을 창조하는 이윤

Creating Profit, Jobs-or Happiness?

공동의 목표를 가진
조직의 힘

 조직은 구성원들의 힘을 모두 합친 것보다 강하기
도 하고 약하기도 하다. 구성원들이 자기 시간의
일부만을 조직에 투자하기 때문에 약하지만, 구성원들이 혼자
힘으로 해낼 수 없는 일을 할 수 있기 때문에 강하다.

언젠가 판탕콧 기차역에서 내가 살고 있는 다람살라로 돌아
오던 길에 차가 도로 위에서 멈춰 섰다. 벌목꾼들이 도로를 덮
칠 위험이 있는 가로수들을 베어내고 있었다. 벌목꾼들이 나무
를 베어 넘긴 뒤 비쩍 마른 노인 둘이 톱으로 나무등치를 잘라

내기 시작했다. 도로에서 나무를 치우기 위해서였다. 시간이 흐를수록 나무 앞뒤로 멈춰 선 자동차의 수는 계속 늘어났다. 운전자들은 차에서 내려 두 노인이 톱을 들고 나무와 씨름하는 광경을 지켜보며 길이 뚫리길 기다렸다. 구경꾼이 백 명은 넘었을 것이다. 그때 누군가 팔을 흔들며 나섰다. 그는 다 같이 힘을 합쳐 나무를 길가로 밀어내자고 제안했다. 장정 스무 명이 나섰고, 채 5분이 안 돼 나무는 도로 밖으로 치워졌다.

사람들이 힘을 합치면 많은 일을 해낼 수 있다. 그때 먼저 나서서 다 같이 나무를 옮기자고 제안한 사람이 없었다면, 우리는 두 시간 넘게 그 자리에서 기다려야 했을 것이다. 나무를 치운 사람들은 기업도, 조직된 단체도 아니었다. 하지만 그들에게는 공동의 목표가 있었고, 문제를 해결하기 위해 스스로 앞장선 리더가 있었다. DALAI LAMA

4장에서 개괄적으로 설명한 것처럼 조직의 목표와 가치관을 분명히 설정하고, 그에 대한 믿음을 창조해내는 것이 리더의 역할이라면, 조직의 역할은 과연 무엇일까? 기업의 진정한 목표가 단순히 돈을 버는 것, 즉 '이해당사자들의 이윤을 극대화하는 것'에 불과할까? 아니면 그보다 더 큰 목표가 있는 걸까? 물론 비즈니스 리더들은 이윤이 가장 중요하다고 역설할 것이다. 수익을 내지 못하면 기업이 살아남을 수 없다는 점에서는 맞는 말이다. 하지만 미래를 내다보는 리더는 기업이 이윤 추구보다 더 훌륭한 목표를 달성할 수 있다는 사실을 안다.

이미 수십 년 전인 1977년, 피터 드러커는 이렇게 말했다.

"이윤이라는 측면으로 기업을 규정하거나 설명할 수는 없다. 전형적인 기업가에게 기업이 무엇이냐고 물으면 십중팔구 '이윤을 창출하는 조직'이라고 답할 것이다. 전형적인 경제학자도 마찬가지일 가능성이 높다. 하지만 이 답은 틀렸다. 이윤 극대화라는 개념은 실질적으로는 무의미하다. 수익성은 기업 경영의 목적이 아니라 제한 요소다. 비즈니스에서 이윤은 어떤 결정을 내리는 이유나 근거를 설명해주지 못한다. 다만 그 결정의 타당성을 시험하는 잣대일 뿐이다. 기업의 목적은 반드시 비즈니스 자체가 아닌 다른 것이어야 한다. 사실 기업의 목적은 사회 속에서 찾아야 한다. 기업도 사회의 일부이기 때문이다."

불교도이자 AIG 태국 지사장인 달돌 부막은 기업의 역할을 바라보는 또다른 관점을 제시한다.

"내게 기업의 목적은 의욕적이고 바른 생각과 믿음을 지닌 유능한 사람들로 팀을 꾸리는 것이다. 그리고 그들에게 보험 상품을 판매하게 함으로써 다른 사람에게 혜택을 전하는 법을 가르치는 것이다. 수익은 기업의 목적이 아니라 최종적인 결과일 뿐이다."

또한 태국 최고의 불교학자로 널리 알려진 P. A. 파유토는 이렇게 말한다.

"불교적 관점에서 경제활동이란 훌륭하고 고결한 삶을 누리기 위한 수단이어야 한다. 생산과 소비 등 경제활동은 그 자체로 목적이 아니라 수단이며, 개인과 사회와 주변 환경 속에서 행복을 키워내는 데 반드시 도움이 되어야 한다."[1] MUYZENBERG

이윤은
산소와 같다

불교가 바라보는 이윤은 아주 분명하다. 이윤은 좋은 목표이다. 돈을 정직하게 벌기만 한다면. 그

러나 기업의 역할이 수익을 내는 것이라고 말하는 것은, 음식을 먹거나 숨 쉬는 것이 사람의 역할이라고 말하는 것과 같다. 회사는 손실을 입으면 망한다. 사람이 먹지 못하면 죽는 것과 마찬가지다. 하지만 숨 쉬는 것이나 먹는 것이 곧 삶의 목표가 될 수는 없다.

기업은 자신의 역할을 '고객을 만들어내고 만족시키는 것'으로 정의하고, '이해당사자의 이윤 극대화'를 추구하기보다는 책임 있게 행동해야 할 것이다. 책임 있는 행동에는 건강한 방법으로 수익을 올려 이해당사자들의 재산을 충분히 늘려주는 것도 포함된다. 그러나 오로지 수익성만을 제일의 목표로 삼는다면, 틀림없이 법을 어길 수밖에 없다. 그러면 많은 사람들에게 불필요한 고통만 안겨주게 될 위험이 있다.

사람들은 손실을 내는 회사에서 일하고 싶어하지 않는다. 회사의 수익성이 나빠지면 일자리가 불안해지기 때문이다. 사람들이 일하고 싶어하는 회사는 자부심을 느낄 수 있는 곳이다. 누구나 쓸모 있고 우수한 제품과 서비스를 제공한다고 칭찬받는 회사의 직원이 되고 싶어한다. 그렇기 때문에 회사는 사람들에게 의욕을 고취시키고 긍정적인 영향을 미치는 역할을 해야 한다. DALAI LAMA

가난한 부자로
살지 마라

 비즈니스에서 부는 당연히 중요하며, 좋은 일을
하는 데 큰 보탬이 될 수 있다. 부는 노동의 산물
이며, 불교는 노동을 아주 귀하게 여긴다. 사람의 첫번째 책임
은 스스로를 돌보는 것이며, 두번째 책임은 남을 돌보는 것이
다. 삶은 선의를 실천하는 과정이며, 직장은 그것을 실행에 옮
길 좋은 기회를 제공한다. 왜냐하면 그 일의 결과가 자신과 다
른 사람에게 득이 되기 때문이다.

부의 부적절한 사용

그러나 부는 잘못 이용될 수도 있다. 부정행위와 같은 해로
운 목적에 돈이 쓰이는 경우가 그러하다. 또 재산을 숨긴 채 쓰
지 않는 것도 잘못이다. 불교에 이와 관련된 우화가 있다.[2]

코살라의 왕 파세나디가 붓다를 찾아와 말했다. 최근에 세상
을 떠난 부자가 있는데, 유산에 대해 한마디도 남기지 않았다.
그래서 죽은 부자의 재산을 왕궁으로 가져오라고 명했다. 그러
자 엄청난 양의 금은보화가 실려왔다. 그런데 죽은 부자는 살
아생전에 늘 닳아빠진 옷을 입고 옥수수로 끓인 쉰 죽만 먹고
살았다. 부자는 자기 자신은 물론 부모나 아내, 자식, 친구, 일

꾼 들을 위해서도 동전 한 닢 쓰지 않았다. 나라에서 부자의 재산을 몰수하지 않으면, 죽은 부자가 평생 돌보지도 않았던 자식들이 그 재산을 차지할 터였다.

붓다는 왕의 결정이 자연스러운 절차라고 인정했다. 만일 부자가 자기 재산을 적절히 썼다면 자기 자신은 물론 다른 사람들까지 좀더 행복해졌을 것이다. 또 그의 선행이 사람들에게 행복한 기억을 남겼을 것이다. 그랬다면 부자의 재산이 그토록 허망하게 보이지 않았을 것이다. 결국 부를 탕진하는 것이나 틀어쥐고 안 쓰는 것이나 모두 개탄할 만한 일이다.

우리에게 죽음은 피할 수 없는 현실이다. 그리고 사람은 자기가 평생 해온 일에 만족하며 숨을 거두고 싶어한다. 그러나 그 부자는 분명 곁에 아무도 없이 홀로 고통스럽게 세상을 떠났을 것이다. 자신의 재산을 방치했기 때문에. DALAI LAMA

많이 벌어라 그리고
많이 나눠라

 붓다는 바른 방법으로 부자가 되는 것이 재산을 바르게 사용하는 것만큼이나 중요하다고 가르친다. 붓다는 이렇게 말한다.

"착하고 훌륭한 사람이란 바른 방식으로 부를 추구하고, 그것을 자신과 다른 사람들이 기쁘고 행복해지는 데 사용하는 사람이다."

붓다는 이와 관련해 한 가지 우화를 들려준다.

"제자들아, 세상에는 장님, 애꾸, 두 눈을 가진 사람, 이렇게 세 종류의 사람이 있다. 세상에는 돈을 벌거나, 가진 돈을 늘릴 방법을 보지 못하는 사람이 있다. 그는 이로운 결과를 낳을 행동과 그렇지 않은 행동을 구분하는 안목도 없다. 반대해야 할 것, 천박한 것, 세련된 것, 좋은 것과 나쁜 것을 알아보는 눈도 없다. 이런 사람들을 가리켜 장님이라고 한다.

또 세상에는 돈을 버는 방법밖에 못 보는 사람들이 있다. 그것만 빼면 장님이나 마찬가지다. 그들을 나는 애꾸라고 부른다. 그럼 두 눈을 가진 사람들은 어떠한가? 그들은 돈 버는 방법과 그걸 쓰는 법을 볼 수 있다. 또 이로운 결과를 가져올 행동과 그렇지 않은 행동을 구분하는 눈이 있다. 찬성해야 할 것과 찬성하지 말아야 할 것, 세련된 것과 천박한 것, 좋은 것과 나쁜 것을 알아볼 수 있다.

장님은 두 가지 불행에 시달린다. 그는 돈도 없고, 좋은 일도 하지 않는다.

애꾸는 옳고 그름을 따지지 않고 돈을 번다. 도둑질이든 속임수든 사기든 상관없이 돈만 벌면 된다고 생각한다. 애꾸는 자기에게 돈 벌 능력이 있다는 사실을 감각적으로 즐긴다. 그리고 자신이 행동한 대로 고통을 받는다.

두 눈을 가진 사람은 좋은 사람이다. 그는 성실하게 일하고, 모은 재산 중 일부를 떼어 다른 사람들에게 나눠준다. 그는 고결한 생각과 굳건한 마음의 소유자로, 그 무엇에도 고통받지 않는다. 너희들은 장님이나 애꾸를 피하고, 두 눈을 가진 사람과 사귀어야 한다."[3]

이 우화는 비즈니스 리더들에게 매우 중요한 교훈을 전한다. 리더는 돈을 벌어들일 수 있는 안목을 갖춰야 할 뿐만 아니라, 자신의 비전을 실현시키려면 어떻게 행동해야 하는지도 알아야 한다. 잘못된 행동이나 바람직하지 않은 행동, 좋은 행동과 나쁜 행동도 구분할 수 있어야 한다. 또 훌륭한 리더는 자신의 소득에서 일부를 떼어 다른 사람들과 나눈다. 무엇보다도 이 우화는 좋은 리더가 행복해진다는 것을 알려준다. 바로 그가 "그 무엇에도 고통받지 않는다"는 점에서 그러하다.

여기서 잠시, "애꾸는 자기에게 돈 벌 능력이 있다는 사실을 감각적으로 즐긴다"는 말에 대해 부연설명을 해야겠다. 불교에서 '감각적인 즐거움'은 부정적인 의미로 쓰이기도 하고 긍정적인 의미로 쓰이기도 한다. 예를 들어, 맛있는 음식을 먹으며 즐거워하는 것은 잘못이 아니다. 하지만 이 우화에 나오는 애꾸처럼 천박해서 세련된 것을 모르는 사람은 맛있는 음식에 탐닉하다 자칫 뚱보가 될 수 있다. 그래서 몸에 좋은 거친 음식을 먹어야 한다면 그는 불행하다고 느낄 것이다. 이때 음식 외에도 우리가 중독될 수 있는 것은 도박, 음주 등 여러 가지다.

또 어떤 사람들은 애꾸가 "자신이 행동한 대로 고통을 받는다"는 말에 동의하지 않을 수도 있다. 그들은 나쁜 짓을 해서라도 부자가 되면 호화롭고 행복하게 살 수 있다고 믿을 것이다. 하지만 불교의 눈으로 보면 그것은 불가능한 일이다. 나쁜 행동을 한 사람은 언젠가는 반드시 그 결과를 책임지게 된다. 어느 쪽이 맞는지 증명할 길은 없다. 하지만 나는 바른 방법으로 돈을 벌어 그중 일부를 남들과 나누는 리더가 애꾸보다 더 행복할 거라고 믿는다. MUYZENBERG

바르게 돈을 쓰는
여덟 가지 방법

 붓다는 앞의 우화를 '목록'으로도 만들어 설명한다. 자기가 재산을 바르게 쓰고 있는지 궁금한 리

더는 여기에 제시된 여덟 항목을 스스로 점검해보라. 각 항목에는 '최선의' 답을 적어두었다.

1. 나는 합법적으로 재산을 모았다. (예)

2. 나의 재산은 나만을 행복하게 만들었다. (아니오)

3. 나의 재산은 다른 사람들도 행복하게 만들었다. (예)

4. 나의 재산을 다른 사람들과 나눠 가졌다. (예)

5. 나의 재산으로 좋은 일을 한 적이 있다. (예) 이때 좋은 일이란 다른 사람을 행복하게 하거나 고통을 덜어주는 것을 뜻한다.

6. 나는 재산에 푹 빠져서 제정신이 아니다. (아니오) 여기서 '푹 빠졌다'는 것은 인색하고 비열해졌다는 뜻이다. 또 '제정신이 아니다'라는 말은 내가 부자이기 때문에 존경받아야 한다거나 모든 답을 안다고 생각하는 것을 가리킨다.

7. 나는 부의 위험을 알고 늘 삼간다. (예) '삼가다'라는 말은 불교에서 중요한 개념이다. 이것은 사람이 자기 마음속에서 일어나는 일을 안다는 뜻이다. 삼가는 사람은 정신을 잃거나 비열하거나 인색해지려 할 때, 그 사실을 알아차리고 그런 상태에 마음이 휘말리지 않도록 한다.

8. 나는 마음의 자유를 이끌어줄 통찰력이 있다. (예) '마음의 자유를 이끌어줄 통찰력'이란 내가 제어할 수 없는 원인에

의해 내 재산이 늘거나 줄어들 수 있음을 안다는 뜻이다. 재산이 늘었을 때 좋아하는 것은 전혀 문제될 것이 없다. 하지만 재산이 줄었다고 슬퍼하는 것은 잘못이다. 재산에 과도하게 집착하는 사람은 마음의 자유를 잃는다. 자기 재산을 줄어들게 할 수 있는 모든 것을 걱정하기 때문이다.

기업인들이 이 점검표를 이용해서 스스로 자신의 등급을 매겨보아도 괜찮을 것이다. 합법적인 방법으로 부를 추구하고, 그 과정에서 자신과 다른 사람들에게 행복을 가져다준 사람은 최고의 점수를 받을 수 있다. 그들은 자신의 재산을 남들과 나누고, 좋은 일을 행한다. 또한 재산에 푹 빠져서 정신을 잃지도 않고, 부의 위험에 주의를 기울이며, 영적인 자유를 가져다줄 통찰력도 지니고 있다.

붓다는 가난을 칭송하거나 옹호한 적이 없다. 일찍이 붓다는 숲속에 은거하며 죽기 직전까지 단식을 하면 행복해질 거라고 생각했다. 그러던 어느 날, 붓다는 자기가 일하지 않는다는 사실을 깨달았다. 그리고 그것은 옳지 않다고 판단했다. 그래서 수행승들에게 소박하지만 안락하게 살라고 가르쳤다. 붓다는 가난이 부도덕과 범죄의 원인이라고 보았다. 그래서 범죄를 뿌리 뽑으려면 사람들의 경제적 상황이 개선되어야 한다고 말했다. 농부들에게는 농사를 지을 씨앗과 밭을 갈 쟁기를 주어야 한다. 경제적으로 어려울 때, 장사꾼이나 사업가에게는 밑천을 대주어야 한다. 그에게 고용된 일꾼들에게는 충분한 월급을 주어야 한다. 사람들은 끼니 걱정이 없어지고 수입이 넉넉해지면 만족감을 느끼게 된다. 그러면 두려움이나 불안이 사라져, 결국 나라 전체가 범죄로부터 자유롭고 평화로워질 것이다.[4] DALAI LAMA

기업은 기계가 아니다

조직개발 전문가인 피터 센지는 기업을 돈 버는 기계로 보는 관점이 잘못된 이유를 이렇게 설명한다. 기계는 시간이 흐를수록 낡아서 못쓰게 되지만, 기업은 스스로 일신日新할 수 있다. 어떤 기업이 시대에 뒤떨어지는 것은 직원들이 제대로 일하지 않았거나 시장 상황이 안 좋기 때문이다.[5] 기계에는 무슨 수를 써도 의욕을 불어넣을 수 없다. 기계는 프로그래밍된 일만 한다. 하지만 기업이 목표를 실현하려면 직원들에게 의욕을 불어넣어야 한다. 기계는 의식도 양심도 없지만, 조직은 공통의 의식과 양심을 지니고 있다. 따라서 기업은 기계가 아니라 '살아 있는 실체'로 보는 편이 훨씬 타당하다.

한편 학습조직 컨설턴트인 아리 드 제우스는 이 이론을 더욱 확장시킨다.

"기업은 살아 있는 실체의 행동과 특징을 몇 가지 보여준다. 기업은 학습이 가능하다. 기업은 명시적으로든 아니든, 일관성을 유지해주는 정체성이 있다. 기업은 다른 존재들과 관계를 맺는다. 기업은 죽을 때까지 성장과 발전을 계속한다. 모든 유기체와 마찬가지로, 살아 있는 기업은 우선적으로 자신의 생존과 발전을 위해 존재한다. 자신의 잠재력을 발휘해 가능한 한 훌륭해지고자 하는 것이다."[6] MUYZENBERG

 기업에 양심이 있느냐는 질문이 흥미롭다. 양심은 옳고 그름을 구분하는 능력이다. 사람은 누구나 양심이 있지만 옳고 그름에 대한 감각은 저마다 엄청나게 다르다. 기업은 개인의 경우보다 훨씬 복잡하다. 기업의 양심은 옳고 그름에 관해 다양한 생각을 지닌 여러 사람들의 네트워크에 의해 결정되기 때문이다. 사람들은 개인적으로는 하지 않을 일을 직장에선 하곤 한다. 이것은 기업이라는 조직이 그 구성원들의 양심에 영향을 미친다는 뜻이다. 안타깝게도 기업이 개인의 도덕 기준에 나쁜 영향을 미치는 경우가 있다. 기업의 리더가 직원들에게 더 높은 수익을 내라고 압박하면서, 바른 눈과 바른 일의 원칙에 따라 정직하게 돈을 벌어야 한다는 점은 강조하지 않을 때가 그렇다.

사람은 뇌와 의식과 양심을 한몸에 갖고 있다. 한편, 기업은 사무실, 집기, 기계, 제품, 매장, 컴퓨터 등을 뭉뚱그린 전체가 아니다. 이것들은 사람의 몸처럼 뇌에 직접 연결된 감각기관을 갖고 있지 않으며, 그것을 사용하는 사람들과 관계를 맺어야 가치가 생긴다. 그 사람들이 다른 사람들, 직원들, 고객들, 거래처와 관계를 맺고 서로 교류해야만 가치를 발휘하는 것이다.

하지만 이 차이는 우리가 생각하는 것만큼 크지 않다. 우리에게 가족, 친구, 지인 등의 관계 네트워크가 전혀 없다면 어떻겠는가? 사람은 오직 다른 사람들과의 관계를 통해서만 진짜로 '존재'할 수 있다. 기업도 사람과 사람으로 연결된, 보이지 않는 관계 네트워크로 이루어져 있다. 기업의 가치는 설비와 직원과 금융자산을 합한 값으로 매길 수 없다. 기업은 그 속에서 일하는 사람들 사이의 관계, 조직 밖에 있는 수많은 이해당사자들과의 관계 속에서만 가치를 갖는다. DALAI LAMA

행복을 만들어내는 리더

 기업을 행복 생산자로 보는 사람은 별로 없다. 어떤 회사의 사장이 자신의 목표는 행복을 생산해내는 것이라고 말하면 웃음거리가 될지도 모른다. 이 책을 쓰기

시작했을 때, 나는 기업들이 과연 행복 창출을 자신의 목표로 삼을지, 또 목표로 삼는다면 어느 정도까지 그렇게 할 수 있을지 확신이 없었다. 하지만 지금은 충분히 가능한 일이라고 믿는다. 특히 우리가 행복을 '삶에 대한 만족감'으로 본다면 더욱 그렇다.

행복해지길 바라고 고통을 피하는 것은 인간의 보편적인 욕구다. 겉으로는 사람들마다 다른 것처럼 보일 수도 있다. 문화권마다 관습과 전통이 다르기 때문에, 어떤 나라에서는 불쾌감을 불러일으키는 행동이 다른 나라에서는 그렇지 않을 수 있다. 하지만 집도 없고, 먹을 것도 없고, 아이들을 학교에 보낼 수도 없을 만큼 가난하게 살고 싶어하는 사람은 아무도 없다. 친구라곤 한 명도 없고, 아무에게도 존중받지 못하고, 생각을 표현할 자유를 누리지 못하면서 살고 싶어하는 사람도 없다. 어떤 문화권에 속하든, 사람들은 "모든 인간은 생명의 권리, 자유와 안전을 누릴 권리가 있다" "모든 인간은 자유롭게 태어나며, 똑같이 존중받고, 똑같은 권리를 누린다. 모든 인간은 이성과 양심을 갖고 있으며, 형제애로 서로를 대해야 한다"는 유엔 인권선언문[7]에 동의한다. DALAI LAMA

조직의 목표를 달성하는 데 있어서 조직원 각자가 수행한 역할을 인정받는다면, 나아가 조직원들이 정기적으로 칭찬을 받기까지 한다면, 직원들은 자신의 일, 조직, 삶에서 더 커다란 의미를 느끼게 될 것이다.

리더는 단순히 직원들에게 일자리와 월급을 주는 사람이 아니다. 리더는 직원들의 행복에 엄청난 영향을 미치는 존재다. 직장인들의 만족도를 조사한 많은 연구들에 따르면 '신뢰'가 무엇보다 중요하다. 직원들은 경영진이 자신을 믿어주기를, 그래서 자신도 경영진을 믿을 수 있게 되기를 바란다. 이때 중요한 것은, 직원들이 마음껏 실력을 발휘할 수 있도록 충분한 재량권을 가졌다고 느끼게 해주는 것이다. 만약 직원들에게 자유가 전혀 없어 매사에 상사의 감시와 통제를 받는다면 그들은 금방 불행해지고 만다. 상사가 자신에게 자유를 주지 않는 것은 자신을 신뢰하지 않을 뿐만 아니라 존중하지도 않기 때문이라고 생각하는 것이다.

직원들의 만족도를 높이려면 리더는 직원들의 교육과 능력 개발에 투자해 그들을 존중하고 있음을 보여주어야 한다. 사람들은 일하는 데 꼭 필요한 기술을 교육받고 배우는 것을 좋아한다. 또 고용주가 직원들의 스트레스와 건강을 챙기는지도 금방 알아차린다. 직원들은 다 같이 어울릴 수 있는 이벤트를 좋아하기 때문에, 직원들의 만족도를 조사해보면 이런 이벤트가 높은 순위를 차지하곤 한다. 뿐만 아니라 직원들은 회사의 현재 사정이 어떤지, 앞으로 상황이 어떻게 바뀔지 정보를 얻고 싶어한다. 회사의 전망이 밝다는 정보는 직원들의 마음을 편하게 해준다. 하지만 전망이 어둡다는 정보라도 솔직하게 전달된다면, 직원들은 문제 해결을 위해 더욱 힘을 합쳐야겠다는 의욕을 느낀다.

사람들은 직장을 잃고 나면 굶주림과 가난에 시달리고 사회적 평판을 잃어버리는 등 고통에 시달린다. 따라서 리더는 주주들의 이익만을 고려해 직원을 해고할 것이 아니라, 해고된 사람이 겪게 될 고통도 생각해야 한다. 직장은 소득을 제공하고, 소득은 자유를 준다. 주거, 음식, 의료, 교육 등의 비용을 지불할 자유를 주는 것이다. 직장은 또한 자부심을 제공하고, 물질적으로나 정신적으로나 발전할 수 있는 가능성을 열어준다. 사람들이 겪게 될 고통을 진지하게 고려하지 않고, 이처럼 기본적인 욕구를 해결할 자유를 빼앗는다면, 그것은 사람들을 엄청난 불행 속으로 몰아넣는 일이다.

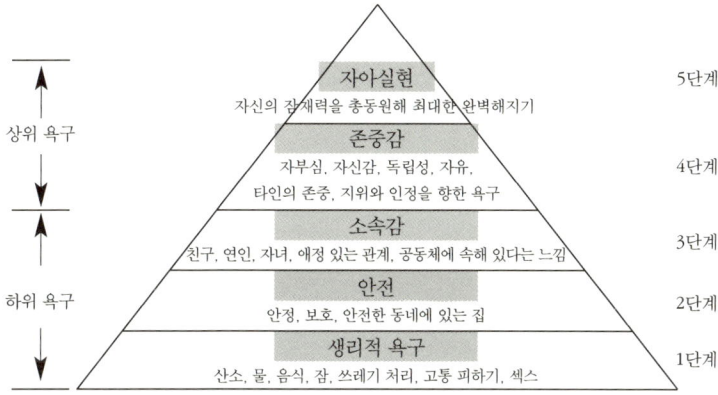

	자아실현	5단계
	자신의 잠재력을 총동원해 최대한 완벽해지기	
상위 욕구	존중감	4단계
	자부심, 자신감, 독립성, 자유,	
	타인의 존중, 지위와 인정을 향한 욕구	
	소속감	3단계
	친구, 연인, 자녀, 애정 있는 관계, 공동체에 속해 있다는 느낌	
하위 욕구	안전	2단계
	안정, 보호, 안전한 동네에 있는 집	
	생리적 욕구	1단계
	산소, 물, 음식, 잠, 쓰레기 처리, 고통 피하기, 섹스	

매슬로의 욕구 피라미드

심리학자인 에이브러햄 매슬로는, 인간이 행복을 느끼는 것은 다양한 욕구를 얼마나 충족시키는가에 달려 있는데, 이때 우선적으로 충족시켜야 하는 기본적인 욕구들이 있다고 말한다.[8] 이 이론은 '욕구 위계이론'이라고 불리며, 다섯 단계로 이루어진 피라미드 모양으로 흔히 표현된다.

매슬로는 사람들이 먼저 낮은 단계의 욕구를 충족시켜야만 그 윗단계로 옮겨갈 수 있다고 주장한다. 음식, 물, 집 등 기본적으로 필요한 것들은 하위 욕구에 속하며, 이런 욕구를 만족시키기 위해서는 소득이 필요하다. 소득이 낮은 사람은 하위 욕구에 초점을 맞출 수밖에 없으므로, 대개 의식주만 해결할 수 있다면 무슨 일이든 가리지 않는다. 하지만 일단 기본적인 욕구가 충족된 뒤에는 아무 일이나 하면서 행복을 느낄 수 없게 된다. 상위 욕구를 충족시킬 수 있는 흥미로운 일을 원하게 되는 것이다. 이렇게 해서 사람들은 궁극적으로 가장 높은 단계인 '자아실현'을 향해 나아간다. 스스로 타고난 재주와 능력을 충분히 발휘하고 있다는 생각이 든다면 바로 '자아실현' 단계에 도달한 것이다.

일터는 욕구의 단계와 상관없이 항상 중요하다. 직장은 1단계에서는 음식을 사먹을 수 있는 소득을, 2단계에서는 안정을 추구할 수 있는 소득을 제공한다. 또 회사는 개인적인 관계들로 이루어진 일종의 공동체이다. 직장 내의 관계에 애정은 없을지 몰라도, 사람들은 직장에서 소속감을 느끼고 동료들과 우정을 맺는다(3단계). 직장은 4단계에 해당하는 자부심과 독립성도 제공해준다. 그리고 잘사는 나라에서는 많은 사람들이 5단계에 도달해 자아실현을 이룩한다. MUYZENBERG

행복은 욕구의 충족이 아니라 마음의 평화다

 알라비 이야기[9]는 매슬로의 '5단계 욕구 피라미드'를 잘 설명해준다. 붓다는 농부인 알라비가 가

르침을 얻고 싶어하자 그를 만나러 가기로 했다. 수킬로미터를 걸어서 그가 사는 마을에 도착한 붓다는 마을 주민들에게 따뜻한 환대를 받았다. 그러나 정작 가르침을 구했던 알라비는 그 자리에 없었다. 그가 기르는 소 한 마리가 도망치는 바람에 소를 찾으러 나가야 했던 것이다. 붓다의 설법을 듣기 위해 마련된 장소에 도착했을 때, 알라비는 몹시 배고프고 기진맥진한 상태였다. 그걸 본 붓다는 마을 장로들에게 이 가엾은 농부에게 먹을 것과 마실 것을 갖다주도록 부탁했다. 알라비는 음식을 실컷 먹고 기운을 차렸다. 그제야 붓다는 설법을 시작했다. 나중에 붓다는 자신이 그렇게 한 이유를 설명했다. "사람들이 고통에 지쳐 아무 생각도 할 수 없을 때는 종교적인 가르침을 이해할 능력이 없다."

이 이야기는 욕구의 위계 이론을 잘 설명해준다. 사람은 가장 낮은 수준의 생리적 욕구가 우선 충족되어야만 그 윗단계로 넘어갈 수 있다.

매슬로 모델에서 행복은 다섯 단계의 욕구들을 모두 충족시킬 수 있다는 가정을 바탕으로 한다. 하지만 불교의 관점에서 볼 때, 이 모든 욕구를 만족시키는 것은 불가능하다. 불교의 목표도 행복이긴 하지만, 이때 행복은 '모든 욕구의 충족'이 아니라 '마음의 평화'이다. 고통을 불러오는 생각과 행동을 멀리하고, 늙음이나 죽음 또는 재산의 손실처럼 의지나 노력만으로 피할 수 없는 불운에 대처하려면, 마음수련을 해서 행복 또는 '수용'의 단계에 도달해야 한다.

매슬로의 욕구 이론은 개인의 욕구, 자아의 욕구를 충족시키는 것에 초점을 맞추고 있다. 하지만 불교의 눈으로 보면, 독립적이고 영원불변하는 자아는 존재하지 않는다. 자아는 다른 사람들과의 관계, 물리적 환경과의 관계 등 여러 요소가 결합된 것이다. 서구인들은 특히 자아에 집착한다. "이건 내 거야." "나 화났어." "난 돈을 잘 못 벌어." "사람들이 날 함부로 대해." 그러나 불교는 다르게 생각한다. 다른 사람들이 나의 욕구를 충족시켜주어야 하는 것이 아니라 오히려 그 반대이다. 사람은 자신의 욕구뿐만 아니라 다른 사람들의 욕구를 충족시켜주어야만 행복해질 수 있다. DALAI LAMA

기업은 행복의 기회를 제공하는 곳

 최근 수십 년 동안 이루어진 다양한 연구들에 따르면, 사람이 일단 음식과 주거 등 기본적인 욕구를 해결하고 나면 돈은 아무리 많아도 돈이 행복에 미치는 영향은 그다지 크지 않다 결국, '돈으로 행복을 살 수는 없다'는

얘기다. 잘사는 나라에서는 많은 사람들이 기본적인 욕구 단계를 벗어나 점점 위로 올라가면서 자아실현을 위한 활동이나 소속감을 추구하는 대신 소비지향적으로 변한다. 그래서 행복이 쉽게 손에 잡히지 않는 것이다. 그들은 부에 집착하며, 불건전한 소비에 열을 올린다. 기본적 욕구를 충족시키면서 남들의 행복에도 기여하는 유익한 소비가 아니라, 오로지 자신의 욕망만을 채우고 이기적인 만족을 위해 상품과 서비스를 이용하는 것이다.

이런 현상에 결정적으로 작용하는 요소가 있다. 바로, '황새 따라잡기'의 심리다. 사람들은 자기와 같은 집단에 속한다고 생각하는 사람들과 비슷한 생활수준을 유지하고 싶어한다. 그래서 옆집에서 평면 텔레비전을 사면 자기도 그걸 갖고 싶어한다. 그런데 사실은 평면 텔레비전을 장만할 능력이 없다면, 불행을 느끼게 된다. 설령 그럴 능력이 있다 해도, 텔레비전을 새로 사는 것은 경제학자 프레드 허시가 말한 '지위재'의 개념에 위배되기 때문에 의미가 없다. 지위재란 높은 지위나 희소성 때문에 가치를 인정받는 물건을 가리킨다. 예를 들어, 누구나 페라리를 갖고 있다면 페라리는 더이상 신분의 상징이 되지 못한다. 따라서 소비지향적인 환경에서는 아무도 행복을 느낄 수 없다.[10]

행복이 무엇인지, 어떻게 행복을 측정할 수 있는지 많은 연구가 이루어지고 있다. 리처드 레이야드와 앤드루 오스월드 같은 경제학자의 연구에서부터 에드 디너와 마틴 셀리그먼 같은 심리학자의 연구에 이르기까지 종류도 다양하다.[11] 지금까지 행복과 부를 주제로 실시된 연구만 헤아려도 40개국에서 1,700건 이상이다.[12]

그중 에라스무스 대학의 루트 벤호벤 교수의 연구가 가장 유명하다. 벤호벤 교수는 '세계 행복 데이터베이스World Database of Happiness'를 운영하고 있는데,[13] 이 데이터베이스의 자료에 따르면 가난한 사람의 행복감은 대개 소득과 함께 상승한다. 그리고 소득이 일정 수준 이상 되면, 행복감도 일정 수준에서 유지된다. 이 말은, 일차적으로는 소득 수준이 중요하다는 얘기다. 하지만 변화의 방향 또한 흥미롭다. 소득이 늘어나면, 소득이 줄어들 때보다 행복해진다. 따라서 소득 감소를 경험하고 있는 고소득자보다 소득 증가를 경험하고 있는 저소득자가 더 행복하다.

그러나 돈이 행복에 영향을 미치는 유일한 요인은 아니다. 스위스의 저명한 경제학자인 브루노 프레이와 알로이스 스터처는 직장이 행복에 중대한 영향을 미치지만, 유전적인 기질도 중요하다는 결론을 내렸다. 외향적인 사람들은 내성적인 사람들보다 행복하다. 가족관계, 친구, 건강 또한 행복에 영향을 미치며, 동료들과 비교하여 자신의 지위가 어디쯤 되는지도 중요하다.[14] MUYZENBERG

불교도들은 사람이 저마다 타고난 기질은 다르지
만 누구나 스스로를 발전시킬 수 있다고 믿는다.
예를 들어, 천성적으로 비관적인 사람도 마음수련을 하면 자신
감을 키울 수 있고, 그러면 행복감이 높아진다. 붓다는 "자신감
은 사람이 가질 수 있는 최고의 보물"이라고 했다. 또 "주인은
일꾼들에게 각자의 능력에 따라 일을 맡겨야 한다"고도 했다.

이는 회사가 개인의 행복에 크게 기여할 수 있음을 말해준
다. 사람은 자신이 정한 목표나 다른 사람들이 자신에게 기대
하는 목표에 성공적으로 도달하면 자신감이 커진다. 직원들이
회사에서 자신감을 얻으면 행복감도 늘어날 테고, 그러면 비관
주의는 줄어들고 낙관주의가 널리 퍼질 것이다. DALAI LAMA

직원들의 행복추구권을
인정하라

직원들이 개인생활을 즐기거나 가족과 더 많은 시
간을 보낼 수 있도록 배려해야 한다는 사실을 깨닫
는 리더들이 점점 늘고 있다. 새로운 업무 방식이 개발되고, 파
트타임으로 일하는 사람들도 많아졌다. 물론 사람들을 이끌고
지휘하는 위치에 있는 사람들은 파트타임으로 일하기가 거의

불가능하다. 많은 사람들은 파트타임으로 일하면 소득도 줄고 회사 내에서 지위도 낮아질 수 있다는 사실을 받아들인다. 그런데도 그들은 더 행복하다. 따라서 이처럼 다양한 노동방식을 장려할 필요가 있다.

조직은 사람들로 하여금 직장에서 만족감을 느끼게 해주는 수준을 넘어서서, 직원들의 행복 추구 욕구를 진심으로 인정해줄 수 있는 능력도 갖고 있다. 그렇다면 기업이 행복도를 높이기 위해 어떤 방침과 가치관을 추구할 수 있을까? 몇 가지 아이디어를 제안하고자 한다.

행복 설문조사 하기

회사의 경영 방식이나 절차에 대해 직원들이 어떤 생각을 갖고 있는지, 경영진에 대한 느낌이 얼마나 긍정적인지 혹은 부정적인지, 만족도 조사를 해본다. 그리고 그 결과를 바탕으로 문제를 개선해서 직원들의 사기와 직장 만족도를 높인다.

교육 프로그램 만들기

직원들을 위한 교육과 자기개발 프로그램을 마련한다. 그러면 직원들은 회사가 자신을 존중하고 신뢰한다는 느낌을 받고 더욱 만족하게 될 것이다.

칭찬하기

칭찬은 직원들이 직급과 상관없이 자신이 조직의 성공에 어떤 식으로든 기여하고 있다고 느끼게 한다. 또 회사가 직원들의 공로를 인정하고 있다는 사실을 분명하게 알려준다.

직원 부자 만들기

모든 직원이 돈을 모을 수 있도록 돕는다. 급여 체계를 검토해보고, 불필요한 격차를 없애고, 회사의 성공에 기여한 모든 직원에게 포상을 하는 등, 다양한 방법을 모색한다.

기업 경영 지침서 만들기

기업의 책임을 밝힌 지침서를 만들고 전 직원이 따르게 한다. 여기에는 과소비나 폐품 처리 방식 등을 다룬 환경 정책이 포함될 수 있다. 이러한 지침서를 자회사와 해외 파트너 회사에도 '수출'함으로써 새로운 시장에서 공정하게 부를 창출하는 것을 장려한다. (기업의 책임에 대해서는 6장에서 자세히 살펴본다.)

유해 광고 안 하기

제품이나 서비스를 광고할 때, 기업의 책임을 고려한다. 소비만을 조장하는 광고나, 명품을 선호하는 소비자의 욕구를 자극하지 않는다. 진실이 아닌 주장을 펼치거나, 불건전한 소비를 부추기지 않는다.

일자리 지켜주기

구조조정을 고려할 때는 신중해야 한다. 직장을 잃어 소득이 없어지면 사람들은 쉽게 불행에 빠진다. 이런 일을 막기 위해 취할 수 있는 모든 조치를 생각해보고, 극단적인 선택을 해야 할 경우엔, 하다못해 직원들이 새로운 일자리를 찾을 수 있게 도와주어야 한다. 직원들의 집단적인 행복감을 항상 염두에 둔다.

솔선수범하기

뛰어난 리더는 잘 수련된 마음과 균형 잡힌 생활을 통해 삶에 대한 만족감을 보여줄 기회를 놓치지 않는다.

3부에서 이야기하겠지만, 기술 이전을 통해 다른 기업과 조직의 창업과 발전을 도울 수 있는 기회가 많다. 조직은 이러한 방법으로 가난, 불의, 환경의 지속 가능성 등 몇몇 문제들의 해결에 기여할 수 있다. MUYZENBERG

불교는 사람들에게 욕망으로부터 자유로워지라고 말한다. 이때 욕망이란 도저히 충족되지 않는 욕구를 말한다. 붓다는 "자기가 가진 것에 늘 만족하라. 단, 선행을 실천하는 데는 절대 만족하지 말라"고 했다. 붓다가 행복을 최고의 경지라고 하는 이유는, 완벽하게 미덕을 실천하는 사람, 부정적인 생각이 없는 사람이 진정한 행복에 이를 수 있기 때문이다. 이때의 행복은 수동적으로 느끼는 평온한 기분이 아니다.

불교는 돈을 벌어들이는 것이 삶의 기본적인 활동 가운데 하나라는 것을 인정한다. 돈을 벌고 모으고 쓰는 것은 자연스러운 활동이다. 하지만 이를 잘못된 방식으로 행하면 고통이 뒤따른다. 절제를 모르는 소비만을 위한 소비는 행복을 가져다주지 않는다. 붓다는 좋은 시기에 벌어들인 돈의 일부를 저축해 힘든 시기를 대비해야 한다고 했다. 먹고살기가 힘들어지면 남의 것을 훔치는 등 부정한 방법으로 돈을 벌려는 마음이 생길 수 있다. 어떤 식으로든 남에게 피해를 입히는 일이다. 남에게 혜택이 돌아가도록 돈을 쓰지 않는다면, 다른 사람들은 물론 돈의 주인도 행복해지지 못한다. 부가 행복으로 이어지려면, 올바른 방법으로 돈을 벌어 훌륭하게 써야 한다.

나는 오직 이윤 추구만이 기업의 목표인가에 대해 사람들이 벌이는 토론을 수없이 들었다. 그런 토론에 직접 참여한 적도 있다. 내가 보기에 답은 간단하다. 이윤은 생존의 필요조건이다. 그러나 우리가 이윤을 추구하는 것은 사회 전체의 행복에 기여하기 위해서다. DALAI LAMA

CHAPTER 06

성공하는 착한 기업
Doing Business Right

추문을
두려워하라

 나는 기업이 따스하고 강인한 마음을 갖고 활동하는지 여부에 따라 평판이 달라진다고 믿는다. 마음이 따뜻한 사람은 다른 사람들의 행복에 적극적으로 관심을 갖는다. 그는 바른 일의 이치를 따른다. 기업의 경우도 개인과 마찬가지다. 바른 일을 하는 것이 매우 중요하다. 어쩌면 더 중요할 것이다. 기업의 행동은 많은 사람에게 영향을 미치기 때문이다.

4장에서 보았듯이, 겸손은 훌륭한 리더의 특징 중 하나다.

충동적이고 자기중심적인 경영자는 주주, 직원, 고객의 행복을 배려하는 훌륭한 시민으로 행동하기보다 자신의 관심사와 즐거움을 먼저 생각할 가능성이 높다. 리더가 부정부패 등의 나쁜 일이나 해로운 일에 거리낌이 없다면, 그가 이끄는 조직도 위험에 내몰린다. 기업 이미지가 나빠지면 그 결과를 극복하기 힘든 경우가 많다.

기업이 추문에 휩싸이는 제일 큰 원인은 리더가 권력과 부와 명성을 탐하기 때문이다. 이러한 갈망은 부정과 불법 행위로 이어진다. 불교의 이치를 알고 나면, 고삐 풀린 욕망이나 갈망이 어떤 고통을 불러오는지 예측할 수 있다. 자기 마음을 제어하지 못하고, 해로운 본능에 사로잡힌 리더는 스캔들을 일으킨다. 참으로 안타까운 일이다. 타고난 재능을 가진 사람들이 이렇다 할 이유 없이 자신과 타인에게 해를 입히고 있으니 말이다.

한편, 시스템에도 문제가 있을 수 있다. 임금 격차를 예로 들어보자. CEO는 천문학적 액수의 연봉을 받는데, 그럭저럭 사는 것조차 어려울 만큼 봉급이 적은 직원들도 있다. 위대한 예술가나 타고난 운동선수, 혹은 사업가적 수완이 뛰어난 사람이 부자가 될 수 있다는 것은 나도 인정한다. 하지만 그들은 특별한 예외일 뿐이다. 임금 격차 문제를 확실히 해결하려면 리더가 자기 마음을 제어하고, 중요한 결정을 내릴 때 모든 사람의 행복을 고려하는 수밖에 없다.

또 어떤 기업들, 예를 들어 석유회사 같은 경우는 까다로운 윤리적 딜레마를 안고 있다. 이런 기업들이 훌륭한 시스템이 갖춰진 나라에서만 활동하길 기대하는 것은 비현실적이다. 따라서 그들은 힘없는 정부, 한심한 법률, 사회불안, 부정부패 등에 대처할 수밖에 없다. 정상적인 나라라면 정부가 마땅히 해야 할 일을 기업이 대신 해야 하는 경우도 있을 것이다. 하지만 그들에게 그만큼 영향력이 있다면, 힘든 여건에서도 최선의 결과를 내기 위해 더 노력해야 한다. 예를 들어, 대규모 부정부패에 발을 담그지 않는 것도 그런 방법의 하나다.

글로벌 기업들은 조직 내에서도 최고의 도덕성을 유지해야 한다. 거래처를 선정할 때도 책임의식 수준이 높거나, 그럴 의지가 강한 기업을 택해야 한다. 이처럼 사회의 이익을 먼저 배려하는 기업은 반드시 보상을 받는다. DALAI LAMA

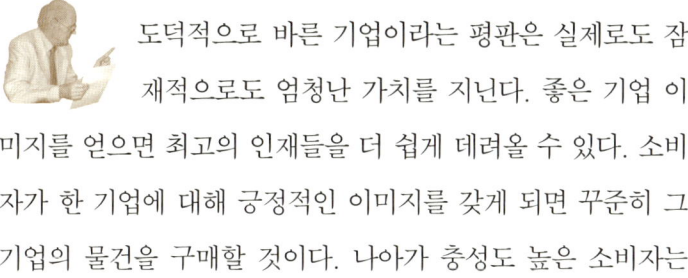

도덕적으로 바른 기업이라는 평판은 실제로도 잠재적으로도 엄청난 가치를 지닌다. 좋은 기업 이미지를 얻으면 최고의 인재들을 더 쉽게 데려올 수 있다. 소비자가 한 기업에 대해 긍정적인 이미지를 갖게 되면 꾸준히 그 기업의 물건을 구매할 것이다. 나아가 충성도 높은 소비자는

좋은 소문을 내서 그 회사를 홍보해주기도 한다. 기업의 이윤 창출과 지속적인 성장에 소비자가 직접 기여하는 것이다. 제품과 서비스의 질이 우수하다는 이미지를 얻으면 가격을 올릴 수도 있다. 사람들은 생소하거나 평판이 의심스러운 기업보다 믿음이 가는 기업의 신제품을 더 쉽게 받아들인다. 이미지가 좋은 기업은 실적이 같더라도 평판이 나쁜 기업에 비해 주가 또한 더 높다. 돈을 빌릴 때도 낮은 이율을 적용받을 수 있다. 회사에 대한 직원들의 자부심도 강해진다. 좋은 기업 이미지의 가치는 이 밖에도 수없이 많다.

좋은 평판은 글로벌 기업의 가장 중요한 비물질적 자산이다. 하지만 요즘은 소비자의 기대수준이 높아지고, 비판적인 언론과 다양한 감시기구들의 활동 때문에 좋은 평판을 얻고 유지하기가 훨씬 더 힘들어졌다. 기업들은 사방에서 공격을 받는다. 특히 CEO의 엄청난 부정행위가 폭로되었을 때, 그 기업의 가치는 한순간에 무너져버리고 만다.

기업이
욕을 먹는 이유

대기업과 그 리더들에 대한 인상은 대부분 부정적이거나 냉

소적이다. 최근에 터져나온 각종 기업 비리들은 대중들의 불신을 더욱 키워놓았다.

리더는 사람들에게 경계심을 불러일으키는 행위를 특히 조심하고 주의해야 한다. 그중 대표적인 몇 가지를 살펴보자.

독창적인 아이디어를 동원한 회계부정

기업이 회계부정을 저지르거나, 일반인들에게 잘못된 정보를 흘리거나, 가격담합을 주도하거나, 내부자 거래에 가담한 사례는 수없이 많다. 이런 사건들은 전 세계 어디서나 발생한다. ABB, 에이홀드, 크리스티, 대우, 엔론, 호프만-라로슈, 홀링거 인터내셔널, 파르마라트, 소더비 등 회계부정을 저지른 기업들은 셀 수 없을 정도다. 그리고 거의 모든 사건에는 CEO가 깊숙이 연루되어 있다. 바른 리더가 얼마나 절실한가를 보여주는 사실이다. 부정을 저지른 기업의 대표는 천문학적 액수의 벌금을 물고, 심지어 감옥에 가기도 한다. 하지만 처벌만으로 부정행위를 뿌리 뽑지는 못한다. CEO가 느끼는 이윤 추구의 압박은 상상 이상으로 엄청나다. 주가의 최고치 경신이 아닌, 뭔가 좀더 위대한 목표를 지향해야 한다는 인식이 자리잡지 않는 한, 부정행위는 계속될 것이다.

심각한 임금 격차

대다수의 사람들은 성공적인 기업가나 연예인, 운동선수가 많은 돈을 버는 것에 대해서는 그럴 만하다고 여긴다. 하지만 고위 경영진의 연봉이 일반 사원들의 연봉보다 훨씬 빨리 인상되는 것은 불공정하다고 생각한다. 특히 최저임금을 받는 사람과 최고경영진의 월급을 비교해보면 더욱 그렇다. 미국의 경우, CEO의 평균 임금은 지난 25년 동안 48만 달러에서 800만 달러로 증가했다. 반면, 현재 일반 노동자의 평균 임금은 2만 7천 달러인데, 이는 같은 기간 동안의 물가 상승률에도 못 미치는 수준이다.[1]

기업들은 임금과 관련해서 공정한 정책을 펴고 있다는 인식을 사람들에게 심어주지 못했다. 기업이 성공하려면 반드시 의욕적이고 유능한 CEO가 필요하지만 그런 사람을 찾기란 쉽지 않은 일이다. 닛산의 카를로스 곤이나 IBM의 루 거스트너처럼 무너져가는 회사를 다시 일으킬 수 있는 경영자는 '스타'이며, 그만큼 고액의 연봉을 받는 것이 당연하다. 하지만 이런 스타 CEO는 극소수이다. 기업이 임금의 형평성에 좀더 관심을 갖는다면, 직원들의 사기가 높아져 궁극적으로 더 나은 결과를 가져올 수 있을 것이다.

최근 아멕스에서 흥미로운 일이 벌어지고 있다. 이 회사의 CEO인 켄 체놀트의 보수에는 275만 주의 옵션이 포함되어 있다. 하지만 아멕스의 실적이 앞으로 6년 동안 아주 높은 수준, 예를 들어 총수입이 매년 적어도 10퍼센트씩 증가하는 수준에 도달해야만 그는 이 옵션을 완전히 행사할 수 있다. 6년이라면 긴 시간이다. 보수와 실적을 긴밀하게 연계시킨 아멕스의 방침은 다른 기업들도 고려해볼 만하다.[2]

착취

석유와 광업 같은 분야에는 착취의 위험이 존재한다. 얄궂게도 로열더치 셸이나 BP처럼 세계 최대의 석유 및 가스 회사들 중에는 사회적 책임과 기업의 시민정신이라는 원칙을 가장 적극적으로 실천하는 곳이 여럿 있다. 사회적 책임과 기업시민정신에 대해서는 이번 장의 뒷부분에서 더 자세히 살펴보겠다. 이런 원칙들을 실천하는 기업들도 특히 환경 분야에서 사람들에게 널리 알려진 '실수'를 여러 번 저질렀다. BP는 알래스카에서 발생한 대규모 석유 유출 사고로 신문의 헤드라인을 장식하고, 당국으로부터 벌금을 부과받았다. 셸은 저 유명한 브렌트 스파 사건에 연루되었다. 이 사건에 대해서는 뒤에서 자세히 설명하겠다.

광물, 가스, 석유의 개발과 생산 작업에는 본질적으로 착취적인 측면이 있기 때문에 윤리적인 원칙만 고수하기가 힘들다. 가난한 나라에서 광물과 석유가 발견되는 경우, 그 나라 안에서는 광물과 석유의 판매가 불가능하기 때문에 반드시 수출을 해야 한다. 그런데 정부와 유착하는 몇몇 경제 엘리트들이 천연자원의 혜택을 '훔치는' 일이 발생할 수 있다. 그러면 천연자원은 그 나라에 축복이 아니라 오히려 저주가 되는 경우가 많다.

그렇긴 해도 기업이 취할 수 있는 긍정적인 조치들은 많이 있다. 석유회사들은 새로운 사업을 시작하기 전에 그 사업이 환경과 사회에 미칠 영향을 조사한다. 최근 일부 기업들은 사업 개발로 인해 직접적인 영향을 받게 될 마을과 공동체의 대표들을 연구에 참여시키기도 했다. 대기업들은 환경친화적 에너지 재활용 연구에 많은 자금을 투자하고 있다. 하지만 이런 노력을 대중에게 널리 알리는 일은 여전히 쉽지 않다.

유해 제품 생산

2장에서 우리는 바른 생활이라는 불교 원칙에 대해 살펴보았다. 이 원칙에는 유해 제품의 생산에 가담하지 말라는, 기업들에 대한 촉구가 포함된다. 그런데 법적으로는 문제가 없어도 대중의 건강이나 복지에 유해한 제품을 생산하는 기업이 많다. 일각에서는 자유시장 경제체제가 이런 문제를 자연스럽게 해결해줄 거라 주장한다. 하지만 유해 제품을 생산하는 기업은 이미지가 나빠지기 쉽다.

담배업계의 거물 필립 모리스를 보자. 끝없이 이어지는 소송과 잇따른 광고 중단 압박으로 궁지에 몰린 이 회사는 아직도 해법을 찾지 못하고 있다. 게다가 전 세계적인 금연 열풍으로 사실상 많은 나라에서 흡연이 금기가 되다 보니, 필립 모리스는 흡연의 위험성을 알리는 교육기관으로 이미지를 쇄신하지 않을 수 없게 되었다. 한편으론 자사의 제품을 광고하면서, 다른 한편으론 그 제품의 위험성을 널리 알려야 하는 이율배반의 상황이다. 하지만 여론의 힘이 워낙 강력하기 때문에 어쩔 수 없다.

인권침해와 환경파괴

많은 글로벌 기업들이 개발도상국이나 빈곤국에서 노동자들을 대하는 방식 때문에 비난을 받고 있다. 인권 및 환경 감시단체들은 항상 이 문제에 신경을 곤두세운다. 따라서 기업들은 이 두 가지 문제에 관한 자신의 방침을 명확히 밝히고, 공식적인 파트너는 물론 비공식적인 관계를 맺고 있는 납품업체들에도 계약 단계에서부터 그 방침을 적용해야 한다. 그러지 않으면 인권을 침해하고 환경을 파괴했다는 비난을 받을 우려가 있으며, 궁극적으로는 기업 이미지가 악화될 수 있다. MUYZENBERG

비즈니스는
전쟁이 아니다

많은 리더들이 훌륭한 정책을 시행하려 애쓴다.
기업이 윤리적이고 신뢰할 만한 곳이라는 인식을
대중에게 심어줄 수 있는 정책들 말이다. 사회적으로 호감을
얻고, 기업의 사회적 역할에 대한 일반인의 기대치를 높여야
할 책임은 무엇보다 기업 스스로에게 있다. 광고나 '이미지 조
작'이 아닌, 실천이 중요하다는 말이다.

사람들이 대기업을 무조건 악덕 기업으로 본다면, 바른 기업
들조차 힘겨운 싸움을 해야 할 것이다. 기업이 바른 눈과 바른
일의 이치에 따라 신뢰를 구축할 수 있는 방법 몇 가지를 아래
에 제시했다.

기업시민정신을 증진한다

4장에서 보았듯이 기업시민정신이란, 기업이 시민과 마찬가
지로 책임 있는 사회 구성원으로서 행동해야 한다는 뜻이다.
미국의 다우존스 지속 가능성 지수, 다우존스 STOXX,
FTSE4Good(파이낸셜타임스와 런던증권거래소가 공동 소유주
인 FTSE인터내셔널이 개발한 기업 도덕성 지수―옮긴이) 글로
벌 100, FTSE4Good 유럽 50처럼 '착한' 기업들의 주식 가치를

평가하고 순위를 매긴 자료가 나오기 시작한 것은 이러한 시각이 반영된 중대한 변화이다.

기업이 이 리스트에 랭크되려면, 사회적 책임을 지기 위한 각종 원칙을 준수했음을 증명해야 한다. 그런데 이런 원칙들은 기업의 사회적 책임을 점점 더 중시하는 방향으로 진화하고 있다. 다음에 제시한 FTSE4Good 보고서의 숫자들은 이 점을 잘 보여준다.[3]

- 세계적으로 200개가 넘는 기업이 더 엄격하게 강화된 환경 기준에 발맞춰 자신의 활동을 개선했으나, 그중 85곳은 원칙을 충분히 따르지 못했다는 이유로 목록에서 제외되었다.
- 58개의 기업이 새로이 강화된 인권 기준을 따르기 위해 노력한 결과 20곳만이 목록에서 제외되었다.
- 현재까지 20개의 기업이 경영방침과 경영 시스템, 거래처의 노동기준을 보고하는 체제를 향상시켰으며, 그중 두 곳이 목록에서 제외되었다.

한편 국제적인 차원에서는, OECD가 "노동, 환경, 소비자 보호, 부정부패 척결 등과 관련해 다국적기업을 위한 권고사항"[4]을 담은 지침을 발표했다. 유엔도 "세계 최대의 기업시민정신 운동 주체"라고 일컬어지는 '글로벌 콤팩트'를 만들었다.[5] 『세계은행보고서 2005』에 발표된 조사 결과에 따르면, 기업들 중 25퍼센트는 OECD 지침이 기업 활동에 영향을 미쳤다고 응답했다. 글로벌 콤팩트에서는 이 비율이 30퍼센트 내외이다. 원칙을 지키고 있음을 증명한 기업들은 사회 전체에 혜택을 안겨줄 뿐만 아니라, 신뢰도 역시 크게 높아지는 것을 경험하고 있다.

하지만 OECD나 유엔의 지침을 준수한다는 사실을 홍보자료로만 떠들 것이 아니라, 실천이 뒷받침되어야 한다. 그런 점에서 다국적 컨설팅 회사인 매킨지가 실시한 조사는 흥미로운 통계를 보여준다.[6]

- CEO의 90퍼센트 이상이 환경, 사회, 조직관리 문제를 기업의 전략과 활동에 반영하기 위해 5년 전보다 더 많이 노력하고 있다.
- CEO의 72퍼센트는 기업의 전략과 활동에 책임의식이 깃들어 있어야 한다고 말했다. 그러나 자신의 회사가 실제로 그렇게 하고 있다고 대답한 사람은 50퍼센트에 불과했다.
- CEO의 59퍼센트는 전 세계 거래처와 파트너들에게도 기업의 책임의식을 전파해야 한다고 했지만, 지금 그렇게 하고 있다고 답한 사람은 27퍼센트뿐이었다.

정직과 성공이 공존할 수 있음을 받아들인다

비즈니스는 경쟁자와 목숨을 걸고 싸우는 일이며, 이런 상황에서 도덕 운운할 여유는 없다고 항변하는 기업가들도 있다. 패배는 곧 죽음이라는 것이다. 그들은 정직하게 사업하기가 힘들다고 아우성친다. 사람들은 대개 자기가 부도덕하게 행동한다고 대놓고 말하고 싶어하지 않는다. 그리고 자기는 점잖은 사람이라고, 적어도 다른 사람들만큼은 점잖다고 믿는다. 이런 기업인은 자신의 경쟁 논리에 동의하지 않는 기업인을 비현실적이거나 위선적이라고 비난한다. 하지만 그런 행동은 기업 이미지를 실추시킬 뿐이다. 그런데 이것을 바꿀 방법이 있다.

이제는 도덕적 비즈니스를 통해 인정받으려 애쓰는 기업들이 점점 늘고 있다. 잡지 『에시스피어*Ethisphere*』는 전 세계 수천 개의 후보 기업들을 광범위하게 조사해 '최우수 윤리 기업 100'을 선정했다. 이 목록에 포함된 기업들 중에는 논란의 대상이 된 곳도 있지만, 순위는 광범위한 조사 끝에 매겨진 것이다. 이 잡지의 편집장인 알렉스 브라이엄은 이렇게 말한다.

"우리는 절대평가를 원칙으로 했다. 각 기업을 산업 분야별로 검토했으며, 다른 기업들까지 변화시킨 영향력 있는 리더를 찾았다. 8단계의 엄격한 절차에 따라 기업을 조사한 뒤, 윤리적인 리더십을 평가하는 아홉 가지 기준에 따라 점수를 매겼다. (……) 최종적으로 선정된 기업들은 윤리적 비즈니스를 선언하는 데서 한 걸음 더 나아가 선언을 실천에 옮겼다."[7]

이중에는 플루오르도 있다. 텍사스에 기반을 두고 있으며, 『포춘』이 선정한 500대 기업에 포함된 플루오르는 주로 미국 정부를 상대로 다양한 기술 및 물품을 공급한다. 경쟁사인 핼리버튼이 각종 부정부패와 패거리주의로 회사 이미지에 생채기를 내는 사이, 플루오르의 평판은 점점 좋아지고 있다. 플루오르의 회장이자 CEO인 앨런 보크먼은 말한다. "윤리와 윤리적 행동은 플루오르의 핵심 가치다. 백여 년 전, 이 회사가 처음 생겼을 때부터."[8]

역시 '에시스피어 목록'에 포함된 산업용 기계제조 업체 이튼의 CEO 샌디 커틀러는 말한다. "기업의 철학과 고객에 대한 약속을 지키며 제대로 사업하는 것이 바로 윤리다. 우리의 가치관을 포기하느니 회사 문을 닫겠다." 그는 또한 도덕 경영에 매진하는 기업이라면, "꼭대기를 뚝 떼어내더라도 아랫부분은 계속 기능을 발휘할 것"이라고 단언한다.[9] MUYZENBERG

왜 GE인가

"세상은 변했다. 오늘날 기업은 찬탄의 대상이 아니다……. 가진 자와 못 가진 자 사이의 간극은 그 어느 때보다 크다. 지금의 기반을 토대로 훌륭한 시민이 될 것인지 여부는 우리 자신에게 달렸다. 훌륭한 시민이 되는 것은 좋은 일일 뿐만 아니라 비즈니스에 반드시 필요한 일이기도 하다. 훌륭한 리더는 자신이 얻은 것을 다시 내놓을 줄 안다. 우리는 스스로를 믿고, 남들에게 무엇이 필요한지 열심히 살피는 사람들이 주인인 시대에 살고 있다."[10]

— 제프리 이멜트

GE는 세계에서 가장 유명한 기업의 하나다. GE의 전 직원 32만 명 중 절반 가까이는 미국이 아닌 다른 나라에서 일하고 있으며, 2007년 말 이 회사의 시가 총액은 3,750억 달러였다. 2000년까지 GE의 회장이었던 잭 웰치는 우리 시대 최고의 경영자 중 한 사람으로 꼽혔다. 따라서 그의 후임으로 제프리 이멜트가 9대 회장에 취임했을 때, 많은 사람들은 GE가 같은 수준의 실적을 유지할 수 있을지 의심스러워했다. 하지만 이멜트는 커다란 성공을 거둠으로써 GE를 지켜보던 사람들에게 기분 좋은 놀라움을 안겨주었다. 하지만 그보다 더 놀라운 일은, 그가 200명의 최고경영진에게 한 말이었다. 그는 회사가 계속 정상의 자리를 지키려면, 뛰어난 인재, 성장, 훌륭한 실행능력 외에 '미덕'도 필요하다고 말했다.

이멜트가 미덕이라는 목표를 덧붙인 이유가 무엇일까? 첫번째는 GE의 기업 이미지를 향상시키고, 평판이 안 좋아질 위험 요소를 줄이자는 것이다. 나쁜 평판은 최악의 자연재해보다 더 심각하게 기업 가치를 떨어뜨린다. 7만 명의 직원을 거느린 회계법인 아서 앤더슨이 엔론 사태에 연루되면서 하루아침에 사실상 문을 닫게 된 것을 생각하면 이해가 될 것이다. 또 대형 보험사이자 금융기관인 마시 맥리넌은 부정 수익을 올렸다는 혐의가 제기된 뒤, 시가 총액의 40퍼센트(시장 가치 90억 달러)를 날려버렸다.

두번째 이유는, 기업이 모든 면에서 책임 있게 행동하고 있는지를 주시하는 기관 투자자들이 점점 늘어나고 있다는 점이다. 기업이 책임 있게 행동하면 주식의 가치도 높아진다.

세번째 이유는 직원들의 사기 진작이다. GE의 직원들은 이멜트의 말처럼 '세상을 바꾸는 회사, 훌륭한 일을 하는 회사'에서 일하고 싶어한다.

하지만 가장 중요한 이유는 모든 면에서 뛰어난 존재가 되고 싶다는 GE의 야심일 것이다. 이 회사는 장차 GE의 리더가 될 3, 40대 중역들을 위해 해마다 다른 테마로 3주간의 연수 프로그램을 마련한다. 2002년 이멜트는 중역들에게 '기업의 사회적 책임'을 연구해보라고 했다. 중역들은 수많은 유명 기업, 투자자, 규제 담당자, 시민운동가 들에게 사회적 책임과 관련한 GE의 기업 이미지 조사를 실시했다. 결과는 매우 부정적이었다. 다른 대기업들에 비해 GE는 상당히 낮은 수준이었다.

일단 결정이 내려지면 놀랄 만큼 빠른 속도로 실행에 옮기기로 유명한 GE는 전 직원에게 미덕의 중요성을 알리기 위한 연수 프로그램을 마련했다. 경영진은 환경정책 관련 실적을 높이기 위한 집중훈련을 받았다. 태양열 발전설비 제조회사와 수질정화 회사를 사들이고, 풍력에너지 회사를 파트너로 영입했다. 또한 개발도상국의 거래처들이 환경, 보건, 노동 기준을 준수하는지 감사도 실시했다. 그 결과에 따라, 미얀마에서는 사업을 하지 않기로 결정했다. 미얀마 정부가 인권침해로 악명이 높기 때문이었다. GE는 사회적으로 책임 있는 투자펀드사들과 협력하면서, 2004년에는 다우존스 지속 가능성 지수에서 300대 기업 중 하나가 되었다.

이멜트는 복잡한 변화를 일으키려면, 조직 내에 변화를 선도하는 책임자가 있어야 하고, 변화의 중심이 될 초점이 필요하다고 판단했다. 그래서 기업시민정신을 관리하는 부회장을 임명하고, 업무 내용을 자신에게 직접 보고하도록 했다.

GE는 또한 직원들 사이에 다양성을 유지하는 것이 기업에 이득이 된다고 굳게 믿고 있다. GE는 여성과 흑인들을 중역으로 승진시킨 공으로 상을 받았다. GE의 미국 흑인 포럼에 소속된 사람들은 이멜트에게 이 회사가 아프리카에서 지금보다 더 많은 일을 할 수 없느냐고 물었다. 이멜트는 아프리카 대륙에서 어떤 일을 하면 좋을지 결론을 내릴 수 없었지만, 가나의 보건의료 프로젝트에 2천만 달러를 투자하기로 했다. 가나는 GE와 거의 아무런 관련이 없는 나라다. 이멜트는 투자에 대한 수익을 거두지 못하더라도 그런 프로젝트를 정당화할 방법이 여러 가지 있다고 말했다.

- 장기적인 관점에서 보면, 아프리카 대륙이 중요한 시장이 될 가능성이 상당하다.
- 미국의 흑인 젊은이들은 아프리카에 대해 믿을 수 없을 만큼 커다란 애정을 느끼고 있다. 그들은 자신의 이러한 태도가 지극히 긍정적이라고 생각한다.
- 우리가 이 프로젝트를 실행하는 것은, 미국뿐만 아니라 전 세계에 좋은 회사로 알려지고 싶기 때문이다. MUYZENBERG

 '미덕'이란 행동을 통해 드러나는 도덕적 우수성을 뜻한다. 불교의 바른 일과 같은 개념이다. GE

는 세상의 올바른 모습, 있는 그대로의 현실을 파악하기 위해 진심으로 노력했다. 여기서 올바른 모습이란 현실 또는 바른 눈이라고 할 수 있다. 만약 다른 기업들도 GE처럼 사회적 책임에 관한 기업 이미지 조사를 한다면, 그 결과에 몹시 실망해서 평판을 높이기 위한 조치를 더 열심히 취하게 될 것이라고 나는 확신한다.

GE는 말만 번드르르하게 하지 않았다. 실제로 행동에 나서 책임자를 임명하고, 교육 프로그램을 진행하고, 감사를 실시했다. 이것은 GE의 리더가 바른 눈과 바른 일의 이치를 효과적으로 실천하고 있다는 증거이다. DALAI LAMA

걸리버와 릴리풋

브렌트 스파는 석유회사 셸이 소유한 167미터 높이의 해상 석유저장 탱크였다. 탱크를 완전히 비웠을 때의 무게는 약 14,500톤이고, 크기는 해협을 오가는 대형 여객선만 했다. 셸은 이 탱크가 더이상 필요하지 않게 되자 영국 정부의 허가를 얻어 북대서양에 가라앉힐 예정이었다. 하지만 환경단체인 그린피스의 시위와 언론보도 때문에 셸은 이 계획을 포기할 수밖에 없었다.

영국 셸의 탐사개발팀 이사 하인즈 로더먼드는 말했다.

"브렌트 스파가 우리의 이미지를 바꿔놓았다. 브렌트 스파는 많은 사람들의 생각과 달리 환경문제가 아니다. 브렌트 스파는 외부 세계와 소통하지 못한 기업의 상징으로 역사에 기록될 것이다."[11]

로더먼드는 셸이 기업의 행동이 대중에게 미칠 영향을 고려하지 못했으며, 앞으로는 그런 영향을 고려해야 할 것이라는 점을 인정했다. 셸은 정부를 비난하거나, 폭력 시위에 굴복하거나, 그린피스가 부정확한 증거를 제시했다고(이 점에 대해서는 나중에 그린피스가 사과했다) 비난하는 등 다양한 반응을 보일 수 있었다. 하지만 셸은 내적인 성찰을 시작하는 방법을 선택했다. 그리고 비슷한 상황이 되풀이될 수 있으므로, 정책의 결정 방식을 바꿔야 한다고 결론내렸다. 셸은 기업 활동에 대한 사회의 반응에 더 예민해져야 한다는 것을 깨달았다. 또 셸이 환경 분야에서 어떤 일을 하고 있는지 발표하더라도 그걸 믿지 않는 사람이 많을 거라는 사실도 받아들일 수밖에 없었다. 대중이 원하는 것은 '주장'이 아니라 '증거'이다.

당시 이사회 의장이었던 코르넬리위스 헤르크스트뢰터르는 이렇게 말했다.

"앞으로 우리가 기업과 사회 모두에 득이 되도록 행동함으로써, 이윤이냐 원칙이냐를 놓고 양자택일할 필요가 없다는 사실을 증명할 수 있게 되기를 바란다."[12]

셸은 윤리적 행동의 원칙을 문서화해 직원들에게 실천을 장려한 최초의 기업 중 하나였다.

브렌트 스파 사건이 낳은 또하나의 결과는, 셸이 '소통'이라는 원칙을 받아들였다는 것이다. 여기서 소통이란 회사 밖의 여러 단체들이 내놓은 의견을 정책 결정에 반영하는 것을 뜻한다. 외부 단체들은 셸의 최종 결정에 대한 공식적인 권한은 전혀 없지만, 비공식적으로 중요한 영향력을 발휘한다. 셸이 그들의 의견에 귀 기울이고, 자신의 입장을 자세히 설명하고, 그들과 건설적인 대화를 나누기 때문이다.

브렌트 스파 사건으로부터 10년 뒤, 영국 셸의 제임스 스미스 회장은 이렇게 말했다.

"훌륭한 과학 연구와 규제 준수가 필요조건이기는 해도 충분조건은 아니라는 것을 배웠다. 우리는 사회와 소통할 필요가 있었다. 사람들의 관심사와 기대를 이해하고 그에 부응해야 했다. (……) 가능한 한 빨리 자문을 구하고, 사람들의 말에 귀 기울이고, 바꿀 것은 바꿔야 한다. 우리의 실수를 인정하고, 우리가 잘못을 바로잡기 위해 노력할 뿐만 아니라 교훈을 얻으려고 애쓰고 있다는 것도 보여주어야 한다."[13] MUYZENBERG

NGO의 역할

 브렌트 스파 사건에서 볼 수 있듯이, 언론과 비정부기구들은 기업의 평판에 엄청난 영향을 미친다. 그린피스의 활동이 아니었다면, 브렌트 스파 사건은 결코 신문의 헤드라인을 장식하지 못했을 것이다. 그린피스라는 NGO는 셸보다 더 강력한 힘을 과시했을 뿐 아니라, 영국과 독일 정부가 이미 결정한 정책을 포기하게 만들었다. 영국 셸의 CEO인 크리스 페이는 특히 후자에 대해 분명하게 밝혔다.

"영국 셸은 모회사인 로열더치 셸 그룹으로부터 심해 폐기 방침을 포기하라는 지시를 받았다. 유럽에 있는 다른 자회사들의 입장이 곤란해지고 있다는 것이 그 이유였다. (······) 셸 그룹은 약정을 지키도록 일부 유럽 국가의 장관들을 설득하는 데 실패했기 때문에, 결국 방침을 바꿀 수밖에 없었다."[14]

대부분의 NGO는 기업의 이익이 아닌 공공선의 추구를 자신의 책임으로 여긴다. 그래서 그들은 대체로 중소기업보다는 다국적 대기업의 일에 관여하는 편이다. 그들의 행동은 해당 기업을 바라보는 대중의 시각에 커다란 영향을 미친다. 기업의 입장에서는 불편하겠지만 대중의 NGO 신뢰도는 글로벌 기업의 신뢰도보다 상당히 높다.

대부분의 NGO 회원들은 머리가 좋고, 의사소통 능력이 뛰어나며, 도덕적 신념이 강하다. 게다가 일부 NGO들은 넓은 지역에 걸쳐 상당한 세력을 확보하고 있기 때문에 세계경제에서 중요한 역할을 한다. 대부분의 대기업들은 '건설적인' 방법으로 NGO에 접근한다. 하지만 NGO가 최선으로 믿는 방침을 무조건 따른다는 뜻은 아니다. 건설적인 접근이란, 기업들이 NGO와 긍정적인 태도로 대화를 시도한다는 말이다. 때로는 NGO에 연구 의뢰를 하기도 한다. 예를 들어 통신회사 BT는 한 NGO에 그동안 영국에서 하던 업무를 인도로 이전하면 어떤 결과가 나올지 조사하는 일을 맡겼다. 나이키는 자사의 감사 담당자가 외국 제조업체들에서 자행되는 부당 노동행위를 밝혀내지 못하자 NGO에 이 일을 맡겼다. 그리고 NGO는 신속하게 문제를 찾아냈다. 제조업체 직원들이 나이키의 감사원은 믿지 않았지만, NGO는 믿었기 때문이다.

셸의 경우에서 드러났듯이, NGO와 언론은 서로에게 힘을 실어준다. NGO는 언론의 관심을 불러일으키는 솜씨가 뛰어나며, 언론과 함께 기업의 평판에 대단히 강력한 영향을 미친다. 따라서 기업으로서는 반드시 NGO의 활동 방식을 알아두어야 한다. MUYZENBERG

 NGO의 힘이 강해져 기업 활동에 영향력을 행사할 수 있게 된 것은 흥미로운 현상이다. 나는 기본적으로 공공선을 추구하는 단체들을 옹호하는 편이다. 하지만 상당수의 NGO가 특정 주제에 편협하게 초점을 맞추는 것은 걱정스럽다. 그들에게 비즈니스 리더들처럼 기업을 이해하라고 요구하는 것은 터무니없는 일이다. 하지만 그들의 활동에도 의문을 제기해 바른 눈과 바른 일의 중요성이 강조된다면, 모든 사람에게 혜택이 돌아갈 것이다.

셸의 경우 겸손이 부족했던 것 같다. 셸의 경영진은 이렇게 생각했을 것이다. '우리가 제일 잘 알아. 우리는 이미 다른 폐기 방법을 연구해봤고, 영국 정부의 승인도 얻었어. 도대체 더 이상 뭘 바라는 거야?' 이런 사고방식이 그들에게 불리하게 작용했다. 셸은 '우리가 거대하고 더러운 강철 구조물을 바다에 가라앉힐 예정이라는 것을 사람들이 알게 되면 어떤 반응을 보일까?' 하고 생각해보았어야 한다. 만약 셸의 경영진이 겸손했다면, 자신들에겐 그 질문에 답이 없다는 사실을 깨달았을 것

이다. 그리고 GE가 그랬던 것처럼, 사람들이 환경문제와 관련해 셸을 어떻게 생각하고 있는지 조사했다면, 셸은 논란을 예방할 수 있었을 것이다.

정치 지도자들도 현실감각이 부족하긴 마찬가지였다. 이때 '현실'이란 세상의 본질을 꿰뚫어보는 것을 뜻한다. 정부 역시 사람들이 바다를 신성시한다는 점을 알지 못했다. 감정적인 반응도 현실의 일부다. 강한 감정이 표출된다면, 건설적인 방법으로 대처해야 한다. 셸 사건에서는 분노한 사람들의 감정에 대처하기 위해 많은 노력을 기울여야 했다. 이렇게 보면, '소통'이 중요하다는 주장은 분명 옳은 것이다. 소통은 상황을 주의 깊게 살피고, 신중히 처리해야 할 일인지 여부를 판단하는 과정이다. 리더가 누구든, 사회 전체의 행복을 항상 가장 먼저 생각해야 한다.

실제로 '착한' 기업이 존재한다는 것을 대중에게 설명하는 일은 기업의 몫이다. 그러려면 여러 기업이 힘을 합쳐야 한다. 리더들이 원칙을 정하고, 진심 어린 행동을 보여주면, 기업은 좋은 평판과 더불어 더욱 충성스러운 고객을 얻게 될 것이다.

이 프로젝트를 시작할 때 나는 기업들이 과연 처음부터 끝까지 좋은 평판에 걸맞은 행동만 할 수 있을지 확신이 없었다. 하지만 이제는 그럴 수 있다는 확신이 든다. 내가 보기에, 개별 조직이나 기업 역시 사회의 중요한 일부라는 점에서 이 목표가 매우 중요하다.

　모두의 행복을 위해 긍정적인 변화를 일궈내는 것은 리더에게 가장 힘든 일이지만 가장 보람 있는 일이다. 리더의 노력으로 기업이 따뜻하고 강인한 마음을 갖게 되면, 우리는 훨씬 더 커다란 삶의 만족과 행복을 느끼게 될 것이다. DALAI LAMA

제3부

서로 연결된
세계의 리더

인류 공통의 책임을 받아들이는 리더십

 인류 공통의 책임을 받아들이는 리더십이
세상의 문제를 극복할 진정한 답이다

세계화라는 도전
The Challenge of Globalization

줄어드는 세계,
팽창하는 기업

 세계는 점점 더 서로 연결된 곳으로 변해가고 있
다. 내가 보편적인 책임의식을 발전시킬 필요가
있다고 굳게 믿는 것은 바로 이 때문이다. 우리는 세계적인 차
원으로 생각을 넓혀야 한다. 한 나라의 행동이 국경을 넘어 멀
리까지 영향을 미치기 때문이다. 인권이라는, 보편적인 구속력
을 지니는 기준을 받아들이는 것은 점점 좁아지고 있는 오늘날
의 세상에서 반드시 필요한 일이다. 기본적인 인권을 존중하는
것은 이제 우리가 도달해야 할 이상이 아니라, 모든 사회의 필

수적인 기반이 되어야 한다.

　국가와 민족을 갈라놓던 인위적인 장벽들은 최근 많이 무너져내렸다. 대중운동이 수십 년간 세계를 갈라놓았던 동서 분열을 무너뜨림으로써 희망과 기대는 더욱 커졌다. 그러나 지금도 인류의 마음속에는 커다란 간극이 있다. 평등이라는 기본 원칙을 지키겠다는 우리의 다짐이 진심이라면, 오늘날의 심각한 경제 불평등을 계속 묵인할 수는 없다. 나는 평등이 인권의 핵심이라고 믿는다. 모든 인간이 평등한 권리를 누려야 한다는 말만으로는 부족하다. 그것을 행동으로 옮겨야 한다. 우리는 세계의 자원을 지금보다 더 공평하게 나눌 방법을 찾아내야 할 책임이 있다.[1]

　원칙적으로 나는 '세계화'와 '글로벌 기업'에 찬성한다. 예전에는 공동체나 국가가 원한다면 고립된 상태로도 살아갈 수 있었다. 하지만 이젠 아니다. 지구 한편에서 주식시장이 붕괴하면 지구 반대편도 직접적인 영향을 받는다. 한 나라에서 발생한 테러가 멀리 떨어진 다른 나라를 불안하게 만든다. 고립은 불가능해졌다. 글로벌 기업들은 세계화의 시대에 중요한 역할을 하고 있으며, 바른 일을 행하는 데 힘이 될 수 있다고 나는 생각한다.

　많은 사람들이 세계화를 부정적으로 바라본다. 세계화로 인해 불평등이 심화되고, 부자와 대기업들만 혜택을 누리게 되었다는 것이다. 사람들은 선진국, 개발도상국, 빈곤국 할 것 없이 일자리가 줄어들고 있으며, 합법과 불법을 막론한 이민이 늘어나고, 실업률과 범죄율이 증가하는 것이 세계화 때문이라고 생각한다. 그러나 국가가 나서서 세계화 저지 정책을 시행하는 것은 위험하다.

내가 보기에 사람들이 세계화에 반대하는 가장 큰 이유는, 모든 것이 변하는 무상한 현실을 인정하고 싶지 않은 저항감이다. 예전에는 수십 년에 걸쳐 일어났던 변화가 지금은 1년도 안 되어 이루어진다. 사람들은 이런 급격한 변화에 익숙하지 않다. 하지만 변화는 항상 존재하며, 피할 수 없는 삶의 일부라는 사실을 인정하는 것이 아주 중요하다.

세계화의 흐름에 건설적으로 대처하는 것이 기업과 정부의 가장 중요한 과제다. 사람들이 세계화를 긍정적인 발전으로 여기고, 또 세계화가 정말 긍정적인 변화로 자리잡으려면, 기업과 정부가 지금보다 더욱 현명하게 이 문제에 접근해야 할 것이다. DALAI LAMA

지구 어디서든
기업할 수 있는 용기

 최초의 글로벌 기업은, 간단히 말해서 물건을 수
입하고 수출하는 무역회사였다. 그 다음 세대의
글로벌 기업은 19세기 말에서 20세기 초에 등장했다. 당시 기
업들은 운송과 수입 절차에 드는 비용을 줄이고, 고객을 좀더
잘 파악하기 위해 다른 나라에 자회사를 설립하기 시작했다.
또 해당 국가의 기업이 정부에 압력을 행사해 특정 물품의 수
출을 금지하는 상황을 피하려는 목적도 있었다. 이런 다국적
기업들은 여러 나라에서 활동했지만, 그래도 역시 모기업이 가
장 중요했다. 하지만 이제는 스스로를 '글로벌 통합 기업' 또
는 '세계시민'으로 여기는 회사들이 점점 늘고 있다. 많은 기업
들이 이러한 세 단계를 차례로 거치며 변화하고 있다. 예를 들
어, 도요타는 처음에 프랑스에 차를 수출했다. 그러다가 발랑
시엔에 자동차 공장을 세웠고, 나중에는 프랑스 남부에 디자인
연구소를 세워 '야리스' 모델을 탄생시켰다.

달라이 라마는 글로벌 통합 기업으로의 변화를 긍정적으로
생각한다. MUYZENBERG

글로벌 기업의 경우도 개인과 마찬가지로 의사소통과 상호의존의 3단계를 거쳐 진화해왔다. 1단계인 무역회사는 서로 대등한 관계이다. 여기엔 파는 사람과 사는 사람만 있다. 2단계인 자회사는 본국의 모기업에 종속되어 있으며, 상호의존도는 훨씬 높아진다. 모기업과 자회사는 생산 방법, 인사 정책, 기술 지원, 외국 정부와의 관계 등에 대해 의견을 주고받는다. 이런 시스템은 서로 다른 문화권에서 모인 다양한 국적의 관리자와 직원들이 효율적으로 협력해야 성공할 수 있다. 모기업의 상호의존도도 바뀐다. 모기업은 본국의 사업뿐만 아니라 자회사의 활동 내용에 따라 실적이 달라진다.

3단계인 글로벌 통합 기업은 내가 전일론을 바탕으로 한 조직이라고 부르는 첫번째 유형이다. 이때 전제는 해외에 자회사들을 거느린 특정 국적의 모기업이 아니라는 것이다. 글로벌 통합 기업은 지구상 어디든 목표 달성에 가장 효율적이라고 판단되는 곳으로 업무를 이관한다. 이런 회사가 기업시민정신을 갖고 기업의 사회적 책임을 실천한다면, 그 기업이 활동하는 모든 나라의 이해당사자들을 공평하게 배려할 것이다.

내 생각에, 글로벌 통합 기업은 상호의존성 때문에 더 강해지기도, 더 약해지기도 한다. 글로벌 통합 기업에서는 공장 한 곳이 화재로 파괴되더라도 다른 공장이 대신할 수 있다. 기업이 전체적으로 더 강해진 것이다. 하지만 전 세계에 흩어진 자회사들이 효율적으로 협력해야만 프로젝트를 성공시킬 수 있는 경우, 모든 참여자들이 서로를 믿고 의지해야 한다. 즉, 직원들이 국경을 초월해 서로를 굳게 신뢰해야 한다는 뜻이다. 그런데 이 프로젝트에 참여한 팀들 중 하나가 일을 제대로 해내지 못하면, 회사 전체가 영향을 받게 되니, 그만큼 약해질 것이다. 하지만 사람들이 자신의 성공이 전적으로 다른 사람들에게 달려 있음을 깨닫는다면 이런 약점이 오히려 긍정적인 의욕을 불러일으킬 수 있다. 자신들이 얼마나 상호의존적인가를 깨달으면 그만큼 책임감도 커질 테고, 모두가 좀더 책임 있게 행동할 것이다. DALAI LAMA

 자국에서 편안하게 기업 활동을 할 수 있는데도 굳이 다른 나라까지 가서 새로운 기반을 구축하는 것은 하나의 도전이다. 바른 눈을 따른다는 것은, 기업 전체가 최선의 성과를 거둘 수 있는 곳에서 활동하는 것이다. 결정을 내릴 때는 반드시 전일론적 시각에서 관련 국가의 직원, 주주, 그 밖의 이해당사자 들을 고려해야 한다. 이것은 엄청나게 복잡한 과정이다. 공장을 새로 열거나 닫는 일, 개발도상국에 추

가로 연구소를 설립하는 일, 내년을 대비한 최선의 해법이 5년 뒤에는 같은 성과를 내지 못하리라는 점을 깨닫는 일 등등. 커다란 변화에는 늘 무상의 이치가 작용한다. 그렇기 때문에 다양한 각도에서 검토하고 결정하는 것이 매우 중요하다. 단기, 중기, 장기적 관점뿐만 아니라, 상대와 나의 입장이 바뀌었을 경우까지 생각해보아야 한다. 예를 들어, 공장을 새로 여는 깃은 보통 긍정적인 일이고, 문을 닫는 것은 부정적인 일이다. 하지만 이 두 가지 모두 무상하며, 불가피하다. 이때 리더의 책무는 공장이 문을 닫을 때 부정적인 영향을 최소화하는 것이다. 무책임한 기업들은 문을 닫고 떠나버리지만 책임 있는 기업은 옛 직원들에게 새로운 일자리를 찾아주기 위해 열성을 다한다.

　타이완의 한 회사는 공장 문을 닫으면서 직원들에게 다른 일자리를 찾아줄 수 없게 되자 새로운 사업을 벌이기도 했다. 스웨덴에서는 한국이나 일본 조선소들과의 경쟁을 이기지 못해 문을 닫게 된 조선소가 정부와 손잡고 직원들의 창업을 돕는 프로그램을 만들었다. 직원들이 남에게 의지하지 않고 스스로 안정된 일자리를 창출할 수 있도록 창업 기술과 경영법을 전수해준 것이다. 이러한 노력은 기업 이미지가 타격을 입는 상황을 막을 수 있고, 전체적으로는 손실을 줄인다. MUYZENBERG

다양성은 글로벌 기업의
가장 큰 자산

 인종, 종교, 민족, 성별이 다른 다양한 문화권의 사람들이 서로 조화로운 관계를 맺는 것. 나는 그것이 오늘날 세계에서 가장 절실한 과제 중 하나라고 생각한다. 몇몇 소수 집단이 사회를 지배하면서 자신의 지위를 이용해 경제적 혜택을 누리는 반면, 또다른 소수 집단은 수세기 동안 차별을 당해왔다는 것은 심각한 문제다. 그들이 더이상 못 견디겠다고 저항하는 것은 충분히 이해가 된다. 하지만 많은 경우, 그것이 폭력 사태의 원인이 되는 현실이 가슴 아프다. 나는 카스트 제도가 있는 인도에서 이런 일을 직접 목격하고 있다. 차별은 반드시 사라져야 한다. 그러나 올바른 방법으로 없애는 것이 가장 큰 숙제다.

붓다는 만물을 존중하는 것이 매우 중요하다고 여겼다. 불교는 악행을 저지르는 사람도 선인善人이 될 잠재력을 갖고 있기 때문에 인간으로서 존중받아야 한다고 믿는다. 조화로운 관계의 기본은 존중이다. 즉, 문화적 배경과 상관없이 모든 사람을 존중하는 것이다. 중국에서 고문을 당한 적이 있는 한 티베트 승려는 내게 이렇게 말했다. "육체적인 고통은 견딜 수 있었습니다. 제가 가장 걱정한 것은, 제가 저를 고문한 사람들을 더이

상 저와 같은 인간으로 보지 못하게 될지도 모른다는 점이었습니다."

넬슨 만델라는 문화적 다양성을 대하는 바른 태도에 대해 이렇게 말했다.

"1994년 4월 27일, 남아프리카 사람들은 모든 국민이 더 나은 삶을 누릴 수 있도록, 분열된 과거의 유산을 청산하겠다는 다짐으로 나라를 세웠다. 우리의 다짐은 결코 가볍지 않았다. 수세대에 걸쳐 수많은 사람들이 의도적인 정책 때문에 빈민이 되었다. (······) 수십 년 동안 우리는 인종과 성을 차별하지 않는 세상을 위해 싸웠다. 그리고 1994년, 우리는 역사적인 선거를 통해 통치권을 얻었다. 하지만 그 전에도 우리는 인종, 성별, 민족, 종교적 신념이 다르다는 이유로 억압받고 지배당하고 차별당해서는 안 된다는 것을 민주주의의 원칙으로 규정했다. 그리고 이제 우리는 한때 우리를 분열시켰던 피부색과 언어의 다양성이 우리 힘의 원천이라고 생각한다."[2]

문화적 다양성을 올바로 바라보는 것이 매우 중요하기 때문에 나는 글로벌 통합기업들이 이 문제에 어떻게 대처하고 있는지 더 자세히 알아보고 싶었다. 그리고 일부 기업들이 직원들의 문화적 다양성을 커다란 혜택으로 생각한다는 사실을 알고

놀라움과 기쁨을 느꼈다. DALAI LAMA

 2005년, 새뮤얼 팔미사노 회장이 이끄는 IBM은 '세계시민'이라는 개념을 실행하겠다고 공식 선언한 최초의 기업이 되었다.[3] IBM은 세계적인 규모의 혁신이 필요하며, 모기업이 자회사들을 거느리는 모델은 더이상 유효하지 않다는 결론을 내렸다.

세계시민의 개념을 실천하기 위한 한 가지 방법으로 IBM은 "우리가 활동하는 지역의 공동체와 직원들의 욕구에 주의를 기울인다"는 가치경영을 선언했다. 그리고 기업 구조 전반에 걸쳐 책임을 강조하는 경영 원칙을 마련하고, 협력업체의 리더들도 스스로 높은 도덕 기준을 세워 그것을 따르도록 했다.

"협력업체들과의 관계에서 우리는 우리 회사의 상당한 구매력이 독특한 자원이며, 우리가 이 자원을 책임 있게 관리해야 한다는 사실을 알고 있다. 실제로 책임 있게 관리하고 있기도 하다. 예를 들어 IBM은 다양한 협력업체들에 해마다 20억 달러 가까이 쓰고 있다. 그 어떤 첨단기술 회사의 지불액보다 많은 액수이다. 하지만 우리는 단순히 지출을 관리하는 데서 그치지 않고, 우리 자신은 물론 협력업체들도 높은 도덕적 기준을 따르게 할 책임이 있다. 그러려면 모든 법과 규칙을 준수해야 한다. 나아가 우리는 협력업체들의 건전한 활동을 장려하고 바람직한 글로벌 마켓을 만들어나가는 데 헌신할 것이다.

우리는 목표를 설정할 때 협력업체들과 솔직한 의견을 주고받는다. 상호의존성이 점점 강해지는 글로벌 마켓에서는 모든 협력업체들이 목표를 올려 잡는다. 따라서 우리는 기존의 방침들을 확고히 하며, 새로운 방침들도 실행할 예정이다. '협력업체 행동 원칙'은 IBM과 거래를 하기 위해 협력업체가 지켜야 할 최소한의 기준을 명시한 것이다. IBM은 이 원칙을 준수하지 못하는 협력업체에 대해 거래 중단을 포함한 여러 가지 적절한 조치를 취할 권리가 있다.

우리의 목표는 IBM을 위해 상품과 서비스를 제공하는 협력업체들 역시 각자의 협력업체들에 이 원칙을 적용하게 하는 것이다. 우리는 협력업체를 선정할 때 이 원칙의 준수 여부를 고려할 것이며, 협력업체들이 계속 원칙을 준수하는지 적극적으로 감시할 것이다."[4]

IBM은 유럽 지사에서 미국인이 아닌 현지인을 사장으로 앉힌 최초의 미국 회사였다. 팔미사노 회장은 문화적 다양성을 추구하는 이유를 이렇게 말했다.

"IBM에서 다양성은 사업상 반드시 필요한 원칙이다. 우리 고객들이 다양하기 때문에 우리는 고객들의 다양성을 이해 해야 하고, 그러려면 그들이 어떤 사람인지, 어떤 생각을 갖 고 있으며 무엇을 원하는지를 알아야 한다. IBM이 고객을 제대로 이해하지 못한다면, 모든 고객의 성공을 위해 헌신하 겠다고 공언할 수 없다. 그리고 IBM이 다양한 직원들을 뽑 지 않는다면 다양한 고객들을 이해할 수 없을 것이다."

다양성은 혁신의 초석이기도 하다. IBM의 연구에 따르면, 20세기 후반에 미국이 이룩한 GDP 성장 중 50퍼센트는 혁신 을 기반으로 한 것이었다. 과거의 혁신은 서구 국가에서 먼저 일어나 다른 나라로 수출되곤 했다. 하지만 지금은 상황이 바 뀌었다. 혁신은 두 가지 측면에서 세계적이다. 첫째, 신제품이 시장에 처음 출시될 때부터 전 세계 동시 구매가 가능하다. 휴 대폰과 컴퓨터가 좋은 예이다. 둘째, 혁신을 좌우하는 것은 통 찰력과 창의성이다. 통찰력을 발휘하려면 글로벌 마켓에 대한 이해가 필수적이다. 또 창의력은 건설적이고 혁신적인 아이디 어들에서 나온다. IBM의 사례는, 빠른 혁신을 위해서는 분야 를 초월해서 세계적으로 협력하며 상호작용할 수 있는 업무 환 경이 필요하다는 것을 잘 보여준다. 국경과 문화를 넘나들며 효율적으로 일하려면 직원들이 서로를 믿어야 하고, 기업과 시장도 서로를 신뢰해야 한다. 그리고 신뢰는 상호존중의 토대 위에서만 구축될 수 있다.

다양한 문화권 출신 직원들이 일하는 기업은 단일 문화권의 백인 남성들만 근무하는 기업보다 여러 측면에서 통찰력을 더 잘 발휘할 수 있다. IBM은 이슬람교를 믿는 직원들이 많아지자 미국과 캐나다에서 사무실을 기도실로 바꾸고 있다. 무슬림들이 기도하기 전에 몸을 씻을 수 있도록 화장실에 샤워 시설도 마련했다.

또다른 글로벌 기업인 GE도 전 세계를 자신의 본거지로 생각한다. CEO 제프리 이멜트는 이렇게 말한다. "우리는 좋은 실적을 올리기 위해, 그리고 훌륭한 세계시민으로 행동하기 위해 전력을 다한다. (……) 매일같이 우리는 훌륭하고 믿음직한 시민이라는 목표에 조금이라도 더 다가가기 위해 노력하고 있다." 다음의 선언문을 보면 알 수 있듯이, GE도 IBM과 똑같은 결론에 도달했다.

"GE는 고객들을 좀더 닮아가야 한다. 이는 GE의 직원들, 특히 최고경영진 가운데 중국인, 인도인, 흑인, 여성 들이 더 많아져야 한다는 뜻이다."

그러나 착각은 금물이다. 다양한 문화적 배경을 지닌 사람들

사이에서 효율적이고 조화로운 관계를 이끌어내는 것은 엄청나게 힘든 일이다. 가장 심각한 문제는 신뢰 부족이다. 사람들은 익숙한 환경에서 활동할 때는 자기가 누구를 믿어야 할지잘 안다. 하지만 다른 문화권 출신을 대할 때는 자신 있게 판단을 내리지 못한다. MUYZENBERG

우리는 현실을 바로 보아야 한다. 오랜 세월, 수많은집단들이 자신이 다른 집단보다 우월하다고 믿으며살아왔다. 특정 집단의 사람들과 어울리는 것은 위험하다는 인식이 퍼져 있는 경우도 있다. 그런 편견을 뿌리 뽑는 데는 시간이걸린다. 수세대가 걸릴 거라고 말하는 사람도 많다. 하지만 나는그렇게 생각하지 않는다. 글로벌 기업들은 상당히 빠른 기간 내에 긍정적인 성과를 거둘 수 있음을 보여줄 것이다. DALAI LAMA

긍정적인 경쟁은
필요하다

세계화는 경쟁을 심화시킨다. 경쟁의 원리가 작용하면 사람들이 원하는 물건을 저렴하게 살 수 있

게 된다. 하지만 경쟁은 수단일 뿐, 목적이 아니다. 목적은 모든 사람에게 혜택이 돌아가게 하는 것이다. 그렇다면 공정하게 경쟁하고 공평하게 혜택을 나누기가 왜 이렇게 어려울까?

경쟁은 부를 이끌어낸다. 그런데 만일, 기업의 리더가 다른 사람들에게 미칠 나쁜 영향은 아랑곳 않고, 자기 배를 최대한 빨리 불리는 일에만 몰두한다면, 그것은 경쟁을 악용하는 것이다. DALAI LAMA

위험한 물건을 판매하거나, 제품에 대해 허위 사실을 주장하는 것은 누가 봐도 나쁜 행위이다. 그러나 경쟁 자체를 불가능하게 만들어버리는 최악의 행위가 있다. 바로 독점, 가격담합, 뇌물수수이다. 이것들은 대부분의 나라에서 불법이다. 하지만 늘 성행하고 있다. 정부는 이런 행위를 근절해 건강한 경쟁이 이루어지도록 독려해야 한다.

그런데 오히려 정부가 건전한 경쟁을 방해하기도 한다. 특히 국제적인 차원에서 이런 일이 비일비재하다. 자국 기업에 보조금을 지급하고, 그 기업들을 경쟁으로부터 보호하기 위해 무역장벽을 세우는 것이다. 많은 부유한 나라들에서는 이제 농업 부문에만 보조금을 지급하고 있다. 하지만 정부가 단기간에 각종 보호조치를 해제해버리면 대량 실업 사태가 발생할 수 있다

는 문제 때문에 무역장벽은 쉽게 사라지지 않는다.

불공정 경쟁이 생기는 또다른 이유는, 기업이 정부 관리들을 상대로 로비를 벌이기 때문이다. 기업은 정부가 실행하려는 정책과 관련된 문제를 정부에 알릴 권리와 의무가 있다. 하지만 기업이나 관련 단체들은 특정 정책이 일반 대중에게 미치는 영향을 생각하지 않고, 오로지 자신의 관점에서만 계산하곤 한다. 이것은 분명 이기본위의 시각, 즉 그릇된 시각이다.

경쟁과 관련해서 지적할 것이 하나 더 있다. 사람들은 경쟁에만 주목한다. 그래서 많은 일들이 협동으로 이루어지고 있음을 깨닫지 못한다. 기업의 경쟁력은 직원 전체가 얼마나 효율적으로 협력하느냐에 달려 있다. 또 기업은 다른 여러 업체들과 협력해야 한다. 안전 기준이나 활동 기준 등을 마련할 때도 많은 기업들이 협력한다. 부당하고 부정한 경쟁이 벌어지기도 하지만, 도덕적 원칙을 존중하며 경쟁하는 것은 얼마든지 가능하다. MUYZENBERG

 경쟁 없는 현대사회는 상상할 수 없다. 이것은 분명한 현실이다. 그리고 모든 사람이 혜택을 누릴 수 있도록 경쟁하는 방법을 내가 다 알려줄 수도 없다. 하지만 우리가 바른 눈과 바른 일의 이치를 따르면, 더 긍정적인 경쟁

이 가능하다고 믿는다. 세계의 환경문제를 생각할 때도 나는 역시 같은 결론에 도달한다. DALAI LAMA

세상을 바꾸는 힘

글로벌 기업들의 과제는 세상을 좀더 나은 곳으로 만드는 선구자가 되는 것이다. 인구가 급속도로 늘어나고 생활수준이 향상되면서 우리가 살고 있는 지구는 생존의 위협을 맞고 있다. 이때 기업의 선구적 역할은 더욱 절실하다. 특히 능력과 의욕을 갖춘 글로벌 기업들, 그중에서도 글로벌 통합 기업이 바로 이런 역할을 해낼 수 있다. 글로벌 통합 기업은 개발도상국이 선진국으로 발전하는 데 도움을 줄 수 있는 이상적인 위치에 있다. 또 이들 글로벌 기업은 정부가 바른 틀만 마련해준다면 환경문제를 해결할 수 있는 능력과 자원도 갖고 있다.

인도의 풍력 터빈[5]

인도의 엔지니어인 툴시 탄티는 작은 섬유회사를 운영하는 사장이었다. 하지만 허구한 날 정전이 되는 바람에 수입이 형편없었다. 그래서 탄티는 안정적인 전력

공급을 위해 풍력 터빈 두 대를 마련했다. 2000년 어느 날, 그는 지구온난화에 관한 글을 읽게 되었다. "갑자기 내가 해야 할 일이 분명해지는 느낌이었습니다. 인도인들이 미국인들처럼 전기를 소비한다면, 머지않아 전 세계의 자원이 고갈될 겁니다. 결국 인도의 발전을 막든지, 아니면 다른 해결책을 찾아내는 수밖에 없었지요." 이것은 바른 눈의 이치를 보여주는 훌륭한 사례이다.

탄티는 섬유회사를 처분하고 풍력 터빈 회사를 차렸다. 바른 일을 행한 것이다. 2007년 현재, 그는 세계에서 네번째로 큰 풍력 터빈 제조업체를 운영하고 있으며, 연간 총수입은 8억 5천만 달러이다. 그는 이렇게 말한다. "환경 비즈니스는 분명히 돈이 되는 사업입니다. 하지만 이윤을 올리는 것보다 책임 있는 행동을 하는 것이 더 중요합니다." 처음에 그는 풍력 터빈 판매업을 했다. 하지만 사람들은 풍력 터빈 구입에 별 관심이 없었다. 사람들이 원하는 것은 다만 안정적인 에너지 공급책이었다. 그래서 그는 비즈니스 모델을 바꿔 에너지를 팔기 시작했다. 터빈을 구입하고, 설치하고, 유지하는 전 과정을 대신해주고, 보수를 받는 것이다. 이와 같은 혁신적인 아이디어가 아니었다면 그는 결코 성공하지 못했을 것이다.

탄티는 독일의 풍력 터빈 제조업체인 RE파워를 17억 달러에 사들이는 놀라운 위력을 보여주었다. 당시 세계 최대의 에너지 회사 중 한 곳인 프랑스의 아레바가 이미 RE파워 주식의 30퍼센트를 소유하고 있었다. 연간 총수입이 137억 달러에 이르는 아레바는 프랑스 정부가 관리하는 기업으로, 프랑스에서 가장 유능한 경영자 중 한 명이 사장을 맡고 있었다. 탄티는 이렇게 말한다. "나는 이윤 마진이 4퍼센트인 회사를 사서 마진을 20퍼센트로 끌어올릴 자신이 있었습니다. 아레바는 절대 못 하는 일이지요. 그래서 나는 아레바가 얼마를 제시하든 더 높은 가격을 부를 수 있었습니다." 이것은 '사람이 가질 수 있는 최고의 보물은 자신감'이라는 붓다의 가르침을 잘 보여주는 대목이다.

지금 탄티는 진정한 의미의 글로벌 기업을 경영하고 있다. 발전소 설계는 네덜란드가 맡았고, 터빈 제조는 독일에서 이루어지며, 강철 작업과 설치는 인도에서 하고 있다. 이 회사와 관련된 모든 사람들도 전보다 더 행복해졌다. 탄티가 인도에서 놀라운 성공을 거둔 것은 이 나라의 전기 공급 시스템이 형편없기 때문이다. 안정적인 에너지 공급원을 확보할 수 있다면, 비용이 조금 더 드는 것은 상관없다. 여기엔 정부가 보조금을 지급할 필요도 없다.

최하층 동네의 탄소배출권[6]

인도에는 우리가 들 수 있는 사례가 하나 더 있다. 이 사례는 세계화가 농부들의 생활수준을 비참한 가난에서 남부럽지 않은 정도로 향상시키고, 지구온난화 문제를 완화하는 데 기여했음을 보여준다. 이 사례를 통해 우리는 혁신적인 생각과 의욕이 얼마나 훌륭한 결과를 낳을 수 있는지 알 수 있다. 이 사례에는 세계은행, 제지공장, 인도의 작은 NGO, 그리고 바른 의욕과 열정을 지닌 리더가 등장한다.

맨 처음 프로젝트가 시작된 곳은 주민 절반이 최하층 카스트, 즉 불가촉천민인 인도 최대의 빈민가였다. 불가촉천민은 빈민 중의 빈민으로, 문맹률은 90퍼센트에 이른다. 만성적인 가난에 시달리는 그들은 입에 풀칠하기도 어려울 지경이다. 하지만 아무리 가난해도 다른 곳으로 이주할 생각은 없다. 놀라운 것은, 그들 땅의 60퍼센트가 그냥 놀고 있다는 점이다. 사업 계획은 이랬다. 농부들은 노는 땅에 나무를 심고 키워서 제지공장에 판다. 가지는 남겨두었다가 땔감으로 쓴다. 나무 값은 탄소배출권(국제기후변화협약인 교토의정서에 따라, 에너지 소비량이 많은 업체들이 이산화탄소 배출량을 줄이지 못할 경우, 조림사업체에 돈을 주고 탄소배출 권리를 살 수 있다—옮긴이)으로 대신 받는다. 이 아이디어가 본격적으로 시행되기까지는 4년이 걸렸다. 이 사업은 앞으로 3,500헥타르 규모로 확대되어, 3천 명의 극빈 농부들을 구제해줄 것이다.

이 혁신적인 구상은 임업 전문가인 마사바툴라 사트야나라야나의 리더십이 없었다면 결코 성공하지 못했을 것이다. 그는 이렇게 말한다. "탄소배출권 사업은 나의 열정입니다." 그는 탄소배출권을 이용하면 지구온난화의 충격을 줄이고 숲의 면적이 늘어날 것이라는 사실을 깨닫고 이 사업에 나섰다.

이 아이디어를 실행에 옮기기 위해 그는 먼저 잘 자라는 나무의 종류부터 조사해야 했다. 다행히 환경을 중요하게 여긴 제지공장은 환경에도 유익하고 종이 생산에도 적합한 유칼리나무를 추천해주었다. 그리고 향후 4년 동안 농부들이 키운 나무를 구입하겠다는 보증도 했다. 그것은 농부들이 묘목을 살 돈을 빌리는 데 꼭 필요한 약속이었다. 농부들의 무지와 자신감 부족이라는 장애물도 있었지만, 교육을 통해 극복할 수 있었다. 사트야나라야나는 말한다.

"이 농부들은 조상 대대로 그랬듯이, 태어난 순간부터 가난에 시달렸습니다. 이들을 상대로 실험을 했다가 일이 잘못되면 충격을 흡수해줄 쿠션이 없기 때문에 재앙이 되어버릴 겁니다. 그렇기 때문에 우리는 이 아이디어의 효과를 증명해서 그들에게 확신을 심어주는 데 많은 시간을 쏟아야 합니다."

그런데 그의 프로젝트가 실질적으로 효과를 거두려면 세계은행을 설득해 거래가 가능한 탄소배출권을 얻어야만 했다. 이 또한 지난한 과정이었다. 거의 실패 직전에 이르기도 했다. 세

계은행이 이 프로젝트 진행자들의 관리 능력을 의심했기 때문
이다. 하지만 사트야나라야나의 끈기와 자신감이 결국은 성공
을 이끌어냈다. MUYZENBERG

 이러한 예들은 매우 고무적이다. 그러나 진짜 환
경재앙을 피하기 위해서는 이보다 훨씬 많은 일들
이 이루어져야 한다. 지금 세계에서 벌어지고 있는 일, 그리고
앞으로 벌어질 일들은 우리 모두의 책임이다. 우리들 각자가
여기에 일정한 영향을 미치게 될 것이다. 자기가 아무런 영향
력도 발휘하지 못할 거라고 생각한다면, 그 사람은 절망의 단
계에 이른 것이다. 절망은 아무것도 해결해주지 않는다. 지금
이 세계가 직면한 문제는 외부의 어떤 힘에 의해 생겨난 것이
아니다. 그것은 바로 우리 자신의 책임이다.

글로벌 기업들이 이런 보편적 책임감을 느끼고 받아들인다
면, 직원이나 고객, 주주 등 이해당사자들에게 직접적인 혜택
을 주거나 상품을 판매하는 것보다 훨씬 훌륭하게 기여할 수
있다. 기업과 정부가 힘을 합치면, 환경문제를 해결하고, 자국
은 물론 전 세계의 많은 사람들이 타인의 행복에 더 많은 관심
을 갖게 하는 데 큰 보탬이 될 것이다. DALAI LAMA

CHAPTER 08

부를 끌어들이는 마음

Entrepreneurship and Poverty

부자가 많아져야
하는 이유

 개발도상국과 빈곤국에서 가난은 심각한 문제다.
하지만 가난은 자원 부족이나 사람들의 능력 부족
의 문제가 아니다. 가난은 마음의 문제다. 모든 사람들과 기업,
정부가 바른 눈과 바른 일의 이치를 따른다면 진보는 빠르게
이루어질 것이다.

이런 급속한 진보를 위해서는 네 가지 요건이 충족되어야 한
다. 첫째, 정부가 경제적으로 우월한 지위에 있는 사람들뿐만
아니라 전 국민의 행복을 증진시키겠다는 의욕이 있어야 한다.

둘째, 책임감 있는 자유시장경제(9장에서 설명할 것이다)의 원칙을 준수하는 시스템이 정착되어야 한다. 셋째, 각종 규제는 반드시 기업가정신을 자극해야 한다. 넷째, 자발적인 가족계획을 통해 인구 성장률을 낮춰야 한다.

이런 조건들이 갖춰지면, 사람들이 농업에서 제조업과 서비스업으로 옮겨가고, 도시가 성장하고, 시골에 살면서 농사를 짓는 사람들의 수가 줄어들 것이다. 극단적으로 가난한 사람들은 시골에 집중되어 있다. 사람들이 시골에서 도시로 이주하지 않는 이상 빈곤 문제를 해결하기란 불가능하다. 하지만 사람들이 도시로 이주하려면 도시에 괜찮은 일자리가 있어야 한다. 이런 변화가 이루어지기 위해서는 모든 국민이 무상無相을 받아들여야 한다. 사람들이 도시로 이주해서 직업을 바꾸는 것을 꺼린다면 가난이라는 문제를 풀기란 불가능하다. 가족계획도 마찬가지다.

일자리를 창출하려면 기업가정신이 있어야 한다. 붓다는 기업가정신을 소중히 여겼다. 기업가들이 믿음직하게 행동하면서, 팔릴 만한 물건을 찾아내는 안목을 발휘해 성공하기를 적극 권장했다. 그리고 힘든 시기를 대비해 저축하고, 이윤의 일부를 다른 사람들과 나눠야 한다고 말했다.

불교의 가르침에 따르면, 가장의 첫번째 임무는 스스로를 돌보는 것이다. 사람은 자신을 돌볼 수 있어야 남도 돌볼 수 있다. 돈을 벌어들이는 힘은 바로 '부가가치'이다. 앞에서 나무를 심어 성공한 인도 농부들은 나무를 심어 생계를 해결했을 뿐만 아니라 한 걸음 더 나아가 남부럽지 않게 살 수 있게 되었다. 만약 가난한 농부들이 스스로 변화하지 않는다면 영원히 가난의 굴레에서 벗어나지 못할 것이다. 그런데 누구나 독창적인 아이디어로 부가가치를 만들어낼 수는 있지만, 창업을 하려면 자본이 필요하다. 농부들이 제지공장과의 계약을 담보로 돈을 빌리지 못했다면, 프로젝트 자체가 무위로 돌아가고 말았을 것이다.

가난한 나라에서 손바느질로 옷을 만들어 파는 여성은 앞으로도 가난하게 살 것이다. 만약 그녀가 재봉틀을 산다면 더 많은 옷을 만들어 팔아 더 많은 돈을 벌게 될 것이다. 그녀가 재능 있는 사업가라서 주문이 계속 밀려든다면, 다른 여성들을 직원으로 고용해, 더 많은 옷을 만들어 팔아 부자가 될 것이다. 물론 이것은 매우 단순화한 과정이다. 하지만 사다리의 위쪽으로 올라갈수록 지식과 교육이 점점 중요해진다.

기업가정신은 자기 자신과 남에게 만족스러운 삶을 누릴 기회를 주는 훌륭한 수단이다. 가난한 사람들은 적게 버는 만큼, 쓸 수 있는 돈도 적다. 반면 그들의 수입이 늘면 소비도 늘어날 것이다. 기업가정신은 사람들이 더 많은 돈을 벌게 해주고, 적극적으로 경제활동에 참여하게 만드는 여러 가지 방법 중 가장 효과적이다. 정부가 가난한 사람들의 기업가정신을 자극할 수 있는 방법은 많다. 예를 들어 빈민가 주민들에게 재산권을 부여하거나, 합법적으로 창업하기 쉽게 해주는 것 등이 있다. 이것은 바른 눈이다. 그릇된 눈은, 개발도상국 사람들이 게으르고, 일할 의욕이 없고, 항상 오늘이 아닌 내일만 생각한다고 보는 것이다.

가난하건 부자건, 우리는 모두 똑같은 인간이다. 누구나 행복을 원하고, 고통을 피하려 한다. 기본적인 욕구와 관심사도 똑같다. 모든 인간은 개인이자 민족으로서 자신의 운명을 스스로 결정할 권리와 자유를 원한다. 그러려면 비참한 가난을 딛고 일어설 기회가 필요하다. 이런 욕구를 갖는 것은 인간의 본성이며, 기회 부여는 우리가 얼마든지 할 수 있는 일이다. DALAI LAMA

시각을 전환하라

 1947년, 영국으로부터 독립을 이루어낸 인도는 자급자족과 수입억제 정책을 추구했다. 물건을 수입하는 대신 해당 산업을 발전시켜 국내 경제를 발전시키려 했다. 정부가 이 정책을 주도했으며, 어떤 물건을 어디서 생산할지를 결정했다. 델리에 있는 정부의 승인 없이는 기업 활동이 거의

불가능했다. 이것은 결국 '허가권 천하'의 경제 시스템으로 이어졌고, 각종 규제를 비롯한 몇몇 요인들로 인해 인도는 1991년 경제 파탄의 위기를 맞고 말았다. 그러자 정부는 옥스퍼드에서 경제학 박사학위를 받은 시크교도 만모한 싱에게 재무장관을 맡아달라고 요청했다. 싱 박사는 신속하게 문제를 진단하고 총리에게 말했다.

"인도의 경제는 지금 붕괴 직전입니다. 정말로 무너져버릴 수도 있지만, 대담한 조치를 취한다면 상황을 반전시켜 위기를 기회로 바꿔놓을 수도 있습니다. 새로운 인도를 건설하려면 이번 위기를 반드시 기회로 바꿔야 합니다."[1]

그리고 의회에서 이렇게 말했다.

"빅토르 위고는 말했습니다. '지상의 어떤 권력도 때가 무르익은 생각을 막을 수는 없다.' 지금 우리는 늘 해오던 대로 허리띠를 졸라맬 수 있습니다. 그러면 우리의 삶은 점점 더 비참해지고 실업률도 증가할 겁니다. 그러나 우리에게는 대안이 있습니다. 인도가 세계 중심의 경제대국으로 성장해야 한다는 생각을 실천에 옮길 때가 무르익었습니다. 우리의 대안은 경제를 안정시키고 '믿을 만한 구조조정 프로그램'을 실행하는 것입니다."

싱 박사가 말한 '믿을 만한 구조조정 프로그램'은 과연 무엇
이었을까? 그것은 바로 수입억제 정책을 포기하고, 시장을 개
방하며, 기업가정신을 장려하는 것이었다. 싱 박사는 말했다.

"우리는 인도 사람들, 특히 인도의 기업가들을 짓누르던
정부를 떨쳐버렸다. 그리고 경쟁을 도입했다. 내적인 경쟁과
외적인 경쟁을 모두 장려했다. 우리는 모험을 훨씬 더 매력
적이고 훨씬 더 이윤이 남는 일로 만들었다. 기업의 성장을
돕는 환경을 만들고자 했던 것이다. 혁신과 기업가정신을 고
사시키던 수많은 규제가 폐지되었다. 우리는 대내외적으로
경쟁의 범위를 조절했다. 그 결과, 1990년대 인도의 산업 생
산성은 그 어느 때보다 빠르게 증가했다."

여기서는 자세히 설명하지 않았지만, 싱 박사는 나중에 한
인터뷰에서 다음과 같이 말했다.

"우리가 위기에 처해 있었으므로, 기본적인 구조변화를 꾀
해야 한다는 것이 나의 꿈이었다. 그렇게 하면 새로운 인도
를 만들 수 있을 터였다. 가난이 없는 인도, 가난과 무지와

질병으로부터 자유로운 인도. 그와 더불어 인도는 세계경제
에서 중요한 역할을 하게 될 터였다. 그것이 우리의 경제개
혁에 힘을 불어넣은 꿈이었다."

싱 박사는 대단히 중요한 정책 변화를 이끌었다. 정부가 나
서서 일자리를 만들어내는 것이 아니라 기업가들에게 그 일을
맡기고, 그러기 위해 기업가들에게 자유가 필요하다는 점을 인
정한 것이다. 또한 싱 박사는 성공의 필수적인 요건이 무엇인
지를 파악했다. 합법적으로 손쉽게 창업할 수 있는 길을 열어
주고, 개인의 소유권을 보장하며, 법의 공평한 집행을 위한 장
치들이 마련되어야만 이러한 정책이 실효를 거둘 수 있다는 점
을 분명히 했다.

싱 박사가 이러한 경제개혁을 제안한 데에는 한국의 사례가
커다란 영향을 미쳤다. 1950년대, 한국은 인도와 비슷한 상황
에서 출발했다. 그러나 이후 동아시아의 몇몇 국가들과 더불어
한국은 한 세대 만에 경제의 체질을 완전히 바꾸고, 만성적인
가난을 뿌리 뽑는 데 성공했다. 한국은 기본적인 교육과 보건
에 중점을 두었다. 하지만 인도의 개혁에서는 이 두 분야가 우
선적으로 취급되지 않았다.

인도에서 망명생활을 하고 있는 달라이 라마는 이 나라의 발
전을 직접 목격했다. MUYZENBERG

싱 박사는 인도가 자유를 되찾은 뒤 초대 총리인
네루가 확립한 경제정책을 전면적으로 개혁했다.
나는 네루를 여러 번 만난 적이 있다. 인도에서 망명생활을 하
고 있는 우리 티베트인들에게 그가 말과 행동으로 보여준 자비
심은 언제나 인상적이었다. 내가 보기에 네루는 진심으로 인도
인들을 걱정했고, 머리도 명석했다. 그래서 경제위기가 닥쳤을
때 그가 단행한 조치들은 좋은 의도에서 나온 것이라 생각한다.

싱 박사는 '시각전환 능력'의 훌륭한 예를 보여준다. 이것은
여러 각도에서 문제를 바라보는 능력을 말한다. 시각전환을 통
해 우리는 위험을 기회로 바꿀 수 있다. 또 내가 더 폭넓은 시
야를 가져야 한다고 말할 때 거기에는 다양한 시각도 포함된
다. 한 가지 상황을 개인, 공동체, 국가의 시각에서 볼 수 있어
야 한다. 또 경제, 복지의 측면과 기업, 정부의 입장을 두루 헤
아릴 수 있어야 하고 장기적, 단기적인 관점에서 바라볼 수 있
어야 한다.

환경 재앙이나 경제의 구조적 문제처럼, 전 세계에 영향을
미치는 위기가 닥쳤을 때는 반드시 책임감을 갖고 헌신할 수
있는 많은 사람들이 함께 노력해야 한다. 변화는 물론 개인의
내면에서부터 시작되어야 하지만 글로벌 시대의 문제는 개인
의 차원뿐만 아니라 사회 전반의 차원에서도 바라보아야 한다.
따라서 제대로 된 해결책을 찾고 싶다면, 리더에겐 유연한 마

음이 필요하다. 만일 자신이 싱 박사라면 어떻게 했을지 생각
해보라. 분명, 바른 눈으로 보고, 그것을 실행에 옮길 능력과
지식이 절실할 것이다. DALAI LAMA

전 국민을 부자로
만드는 나라

 국민 모두가 기업가정신을 자유롭게 발휘하려면
두 가지 요건이 충족되어야 한다. 정부가 바른 의
욕을 가져야 하며, 바른 법규를 만들고 실행해야 한다. 이 두
조건은 서로 연결되어 있다. 잘못된 의욕을 지닌 정부는 바른
법규를 만들지 못한다. 그런 나라에서는 국민들이 극심한 가
난에 시달리는 사이 권력자들만 사치스럽게 산다. 바른 의욕
이란 정부가 모든 국민, 특히 가난한 국민들을 돌보는 것이 자
신의 역할임을 인정하는 것이다.

창업을 손쉽게

이상한 소리처럼 들리겠지만, 부유한 나라보다 가난한 나라
에서 창업이 훨씬 더 어렵다. 가난한 나라에서는 보통 사람들
이 합법적으로 창업하기가 거의 불가능한 경우가 많다. 시간이

아주 오래 걸리고, 과정은 복잡하고, 도저히 감당할 수 없을 정도로 비용이 많이 든다. 그러다 보니 암시장이 활성화된다. 실제로 암시장의 규모가 공식적인 시장보다 훨씬 큰 가난한 나라들이 많다. 그런데 이런 실태를 뻔히 알면서도 가난한 나라의 정부는 쉽사리 법을 바꾸지 못한다. 대개는 창업자들에게 인허가를 내주는 일로 돈을 버는 경제 엘리트와 전문직 종사자들 때문이다. 변호사, 전문기관, 수많은 정부 관료 들이 공식적으로든 비공식적으로든 대가를 원한다.

이처럼 이해관계가 얽혀 있는 사람들을 장악하고, 사회 전체의 이익을 위해 행동하려면 정부는 용기와 두려움 없는 자신감이 있어야 한다. 전문직 종사자들과 공무원들이 개혁조치로 인해 자신의 수입이 줄까봐 노심초사하는 것은 이해할 수 있다. 하지만 기업가정신이 성과를 거두어 경제가 활성화되면 그들에게도 훨씬 유익하다. 사실 잘사는 나라의 변호사와 회계사들이 돈을 많이 벌지 않는가.

소유권 확립

개인의 소유권이 확립되고 법이 이 권리를 지켜줄 거라는 믿음은 시장에 대한 투자와 생산성 증가에 결정적인 영향을 미친다. 기업이나 개인은 자신의 재산을 제삼자가 임의로 빼앗아갈 수 없다는 확신이 들면 다르게 행동한다. 중국의 예가 이를 잘 보여준다. 중국은 개인의 토지 소유권을 인정하지 않고, 국가가 모든 생산물을 통제하는 공산주의 경제체제를 고수해왔다. 그러다가 부분적으로 자유시장 경제체제를 도입했다. 즉, 농부는 최대 30년 동안 토지를 임대할 수 있고, 거기서 생산한 작물의 일부를 '자유'시장에서 판매할 수 있게 하였다. 이러한 개혁 조치는 생산성 향상에 크게 기여했다. 생산성 증가분의 절반은 토지 소유권의 변화에서 비롯된 것으로 평가되고 있다.

가난한 나라의 대도시에는 늘 외곽에 빈민가가 있다. 그곳 주민들은 몹시 가난하며, 대부분 일자리를 찾아 시골에서 도시로 올라온 사람들이다. 그들은 누구의 소유인지 분명치 않은 비어 있는 땅에서 원시적인 생활을 한다.

전기 회사나 수도 회사는 돈을 낼 형편이 안 되는 사람들에게는 기본적인 서비스도 제공하지 않는다. 설상가상으로 도시 빈민들은 하급 공무원들에게 휘둘릴 수밖에 없는 처지다. 지금 살고 있는 곳에서 쫓겨나지 않으려면 공무원들에게 뇌물을 바쳐야 하는 것이다. 그런데 정부나 지방자치단체가 빈민들에게 그들이 살고 있는 손바닥만한 땅에 대한 권리를 인정해주면, 그들의 생활은 극적으로 변화할 것이다. 소유권이 생긴다면, 그들은 원시적인 주거 환경을 개선하기 위해 좀더 노력할 것이다.

이러한 변화는 소액대출(이에 대해서는 뒤에서 더 자세히 설명하겠다)보다 더 강력한 영향을 미칠 수 있다. 이때 손바닥만한 땅은 소액대출을 받은 돈보다 훨씬 가치가 크며, 그 밖에도 수많은 혜택을 가져다준다.[2] 그러나 이러한 변화를 이끌어내려면 무엇보다 정부가 용기를 내야 한다. 기본적인 삶의 조건조차 누리지 못하는 가난한 사람들의 처지를 이용해서 득을 보는 사람들이 정부 안팎에 많이 있기 때문이다.

소유권 문제는 개인에게만 국한된 것이 아니다. 기업의 지적 소유권도 중요하다. 많은 기업들은 법원이 자신의 소유권을 지지해주지 않을 거라고 생각한다. 실제로 세계은행이 2005년 실시한 연구 결과를 보면, 인도네시아, 탄자니아, 인도, 파키스탄, 브라질, 폴란드, 러시아, 페루의 기업인들은 법이 공정하게 집행될 것이라고 믿는 경우가 50퍼센트 미만이었다.[3] 이러한 불신이 생기는 이유는, 소유권 계약이 실질적으로 이행되는 데 걸리는 시간과 관계가 있었다. 파키스탄과 브라질에서는 소유권이 실제로 효력을 갖기까지 수년이 걸리고, 비용 또한 만만치 않다.[4]

예전에 나는 인도의 자이푸르에서 소유권을 담당하는 정부 부서를 찾아간 적이 있다. 서류들이 높이 3미터, 폭 3미터로 빈틈 하나 없이 빽빽이 쌓여 있었다. 이런 상황에서 특정인의 재산과 관련된 서류를 찾기란 불가능하다. 결국 공무원에게 뒷돈을 주고 그 종이더미를 뒤져달라고 부탁할 수 있는 사람들만 원하는 서류를 찾을 수 있다. 다행히 인도 정부는 이 문제를 해결했다. 자료를 전산화해서 누구나 소액의 수수료만 내고 서류를 찾아볼 수 있게 한 것이다. MUYZENBERG

 이걸 보니 예전에 실화라며 들었던 이야기가 생각난다. 히말라야의 어느 외딴 마을 이야기다. 이 마을에서는 소송이 제기되면, 아주 신속하게 판결을 내렸다. 비결은 간단했다. 소장을 접수한 법원은 뇌물을 가장 많이 낸 사람이 옳다고 판결했던 것이다. 법원이 받은 뇌물은 주민 전체가 참여하는 잔치 비용으로 썼다. 하지만 잔치의 상석에 앉아, 가장 좋은 음식과 술을 먹고, 가장 비싼 선물을 챙기는 것은, 판사와 소수의 특권층들이었다.

땅이나 집, 그리고 아이디어의 소유권을 인정해주는 것은 빈곤을 줄이고, 투자를 늘리고, 일자리를 만들어내는 데 대단히 긍정적인 영향을 미친다. 정부는 법과 원칙으로 소유권을 보호하겠다는 단호한 의지를 보여주어야 한다. DALAI LAMA

똑똑한 은행이
필요하다

 국영은행밖에 없는 나라들이 있다. 이런 은행들이
효율적이고 공평하게 운영되는 경우는 극히 드물다.

1991년, 내가 달라이 라마가 살고 있는 다람살라를 처음 방
문했을 때, 그곳에는 인도 국영은행 지점이 하나밖에 없었다.
이 은행은 일주일에 닷새, 하루 네 시간만 문을 열었다. 오후
네시가 되면 사람들이 은행 밖까지 길게 줄을 서서 기다리든
말든 직원들은 무조건 문을 닫아버렸다. 외국인은 골칫거리 취
급을 받았다. 하지만 지금은 상황이 완전히 바뀌었다. 민간은
행이 여러 곳 생겨 일주일 내내, 매일 열여덟 시간씩 영업을 한
다. 선진국들보다 훨씬 나은 상황이다.

대형은행들은 대부분 소액대출을 꺼린다. 하지만 아주 적은
돈만 있어도 되는 창업자들에게 소액대출은 훌륭한 해결책이
라는 것이 이미 입증되었다. 소액대출이란 상당히 새로운 개
념으로, 일반적인 은행 대출을 받을 수 없을 만큼 가난한 기업
가들에게 소액 대출해주는 것이라는 의미로 엄격하게 규정되
었다.[5]

소액대출은 일반 대출과는 많이 다른데, 그중에서도 가장 뚜
렷한 차이점이 세 가지 있다.

- 대출을 인간적 권리로 인정한다.
- 담보나 보증이 아니라 상호 신뢰를 바탕으로 대출해준다.
- 돈을 빌려준 사람과 투자자들이 수익률을 높이려 애쓰기(전형적인 대출 모델)보다 이자율을 낮게 유지하려 노력한다.[6]

한마디로 소액대출은 가난한 사람들도 부자가 될 능력이 있는데, 그것이 제대로 발휘되지 못하고 있다는 전제에서 출발한다. 사람이 가난해지는 것은 능력이 없어서가 아니라 기회가 적기 때문이라고 보고, 그 기회를 제공하는 것이다. 또한 소액대출은 가난한 사람들이 신의가 강하고 부지런하며, 감사의 마음과 책임감에서 어쩌면 보통 사람들보다 더 열심히 빚을 갚을 수도 있다고 전제한다. 가난한 사람은 믿을 수 없다는 고정관념을 깨는 것이야말로 가난과의 싸움에서 가장 중요한 첫걸음이기 때문이다.

무하마드 유누스 교수가 방글라데시에서 설립한 그라민 은행은 지난 30년 동안 소액대출을 통해 전 세계 가난한 사람들의 짐을 덜어주는 방법을 연구했다. "수많은 사람들이 가난에서 탈출할 방법을 찾지 못하는 한, 지속적인 평화는 이룩할 수 없다. 소액대출은 지속적인 평화를 위한 하나의 방법이다." 2006년 노벨 평화상 수상자로 유누스 교수와 그라민 은행이 선정된 이유이다.

그러나 소액대출만으로 빈곤을 퇴치할 수 있다고 생각한다면, 그것은 착각이다. 소액대출이 대단히 중요하고 또 필수적인 것은 사실이지만, 기업가정신이 제대로 발휘되려면 일반 은행들도 효율적이고 공정한 시스템을 갖춰야 한다.

한편, 소액대출이라는 개념을 더욱 확장시킨 단체가 있다. 1972년, 파즐레 하산 아베드가 조직한 BRAC가 그것이다. 그는 서파키스탄과 전쟁을 치른 방글라데시가 참화를 극복하는 데 도움을 주고자 BRAC를 결성했다. BRAC의 목표는 "빈곤을 물리쳐 가난한 사람들에게 힘을 실어주는 것"이다. 이 단체는 소액대출이 가난에서 벗어날 계기를 마련해주긴 하지만, 궁극적으로는 이보다 전일론적인 접근법이 필요하다고 판단했다. 그래서 회원들에게 돈을 벌 수 있는 방법을 가르치고, 상품을 팔 수 있게 시장과 연결해주는 활동을 한다. 또 가족을 돌보는 여성들을 우선적으로 지원하기 때문에 보건, 교육 등 다양한 사회개발 프로그램을 소액대출과 결합시키고 있다.

현재 BRAC의 경제개발 프로그램은 아프리카, 중동, 아프가니스탄, 스리랑카 등 10여 개 국가에서 시행되고 있으며 500만 명에 육박하는 가난한 사람들(대부분 여성들이다)이 참여하고 있다. BRAC는 대출을 해주고 저축계좌를 만들어주는 것은 물론, 인권과 법률 강좌, 법률 구조, 자원봉사자로 이루어진 보건 전문가들의 왕진 프로그램 등을 실시한다. BRAC의 건강 프로그램은 7천 7백만 명이 넘는 사람들에게 기본적인 의료 서비스를 제공한다. 또 결핵, 급성 호흡기 질환, 설사 등 전염성 질병을 통제하고 예방하기 위한 교육도 하고 있다. 그 밖에 5만 개이상의 학교가 참가하는 비정규 기초교육 프로그램은 교육을 통한 빈곤 퇴치를 목표로, 소외 계층 아이들과 특히 여자아이들의 교육에 힘쓰고 있다. 또 청소년을 대상으로 직업 훈련, 임신과 출산 관련 지식을 포함한 보건교육, 리더십 교육 등을 실시하고 있다.[7] MUYZENBERG

식구를 줄이면
밥상이 풍성해진다

 2002년, 나는 전 세계 31개국의 가톨릭, 개신교, 이슬람, 힌두교 지도자 136명과 함께 미국의 부시 대통령에게 편지를 보냈다. 유엔인구기금UNFPA이 운영하는 자발적 가족계획 사업에 자금 지원을 계속해줄 것을 촉구하기 위해서였다. 나는 가족계획이 특히 개발도상국에서 대단히 중요하다고 썼다. 노벨 평화상 수상자인 남아프리카의 데스몬드 투투 대주교는 "가족계획은 기독교인의 의무입니다. 교회는 우리가 과학적인 방법으로 가족계획을 시행해야 한다고 믿습니

다"라고 썼다.[8]

이것은 단순히 경제적인 문제가 아니다. 가족계획은 여성들이 몇 명의 자녀를 언제 낳을지 결정할 수 있는 자유와 권리의 문제이다. 그 어떤 남성도 여성에게 원하지 않는 아이를 낳으라고 강요할 권리는 없다.

불교는 모든 생명을 귀하게 여긴다. 하지만 인구폭발은 궁극적으로 매우 심각한 문제다. 무엇보다 개발도상국에서 가족계획은 아주 중요하다.[9] DALAI LAMA

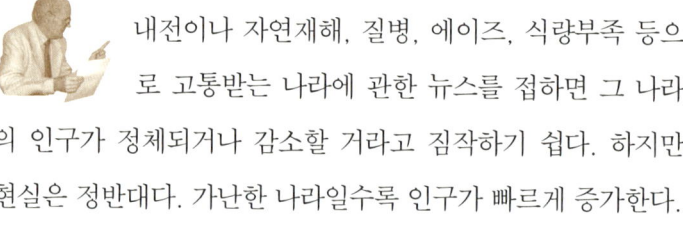

내전이나 자연재해, 질병, 에이즈, 식량부족 등으로 고통받는 나라에 관한 뉴스를 접하면 그 나라의 인구가 정체되거나 감소할 거라고 짐작하기 쉽다. 하지만 현실은 정반대다. 가난한 나라일수록 인구가 빠르게 증가한다.

이를 설명하기 위해 몇 가지 사례를 들어보겠다.[10] 미국은 선진국 중에서 인구성장률이 가장 높다. 2006년, 미국 인구는 3억 명이었다. 이것은 파키스탄, 콩고, 에티오피아의 인구를 모두 합한 것과 같다. 만약 각국의 출산율이 지금과 같은 수준으로 유지된다면, 2050년 미국 인구는 4억 2천만 명이 된다. 그리고 다른 세 나라의 인구를 모두 합한 숫자는 6억 9천만 명이 된다. 즉, 미국보다 2억 7천만 명이 더 많아진다는 얘기다.

개발도상국인 이 세 나라의 다른 통계를 살펴보자. 영아사망률, 즉 갓난아기 천 명 중 만 한 살이 되기 전에 죽는 아이들의 숫자는 80명이다. 100명의 아이가 태어나면 1년도 안 되어 여덟 명이 죽는다는 얘기다. 평균 기대수명은 46세이다. 그리고 이 세 나라 국민의 80퍼센트는 하루 생활비가 2달러가 채 안 된다.

이 나라들은 모두 기반시설이 부족하다. 도로도 형편없고, 전기 공급도 불안정하다. 안심하고 마실 물도 부족하고, 하수 시설은 아예 없다. 학교, 병원, 의사도 턱없이 모자란다. 따라서 이런 분야에 대규모 투자가 필요하다. 자격을 갖춘 교사와 의사를 길러내 월급을 줄 돈도 필요하다. 그래야만 국민들에게 번듯한 생활 환경을 마련해주고, 영아사망률을 낮추고, 기대수명을 크게 늘릴 수 있다. 인구가 늘어나면 필요한 투자의 규모도 늘어난다. 심지어 인구성장률이 낮은 선진국들도 기반시설과 기초적인 의료·보건 서비스 제공에 필요한 자금 마련에 애를 먹고 있다.

또다른 예를 보자. 2006년, 영국 인구는 6천만 명이고 에티오피아의 인구는 7천 5백만 명이었다. 2050년, 영국은 인구가 7천만 명인 반면, 에티오피아의 인구는 1억 4천 5백만 명으로 늘어나 있을 것이다. 영국과 프랑스의 인구를 모두 합한 것보다 많아지는 것이다. 만약 2050년까지 영국 인구가 두 배로 늘어난다면 어떤 일이 벌어지겠는가.

중국은 출산율을 낮추는 데 크게 성공했다. 2006년 중국의 출산율은 1.6명이었다. 하지만 이런 성과를 거두기 위해 취한 조치는 극단적이었다. 법으로 부부가 낳을 수 있는 아이를 한 명으로 제한한 것이다. 둘째를 임신하면 정부는 벌금을 물리고, 낙태를 권하거나 심지어 강제로 불임수술을 하기도 했다. 이와는 달리, 인도의 케랄라는 강압이 아닌 교육을 통해 중국만큼 빠르게 출산율을 떨어뜨렸다. 케랄라는 인구가 약 3천 5백만 명이나 되는 큰 주이다. 이곳의 출산율은 1950년대에 4.4명이었으나, 1991년에는 1.8명까지 줄어들었다. 어떻게 이런 성과를 거둘 수 있었을까? 주 정부는 네 가지 조치를 취했다. 기본적인 건강관리를 권장하고, 여성들이 일자리를 쉽게 얻을 수 있게 도왔으며, 남성들에게 여성들을 존중하라고 권고하고, 주민들에게 다양한 정보를 제공해 공개 토론을 벌였다. 즉, 교육과 일할 기회, 여성에 대한 차별 완화가 중요한 변수였다. 케랄라의 예는 강제하지 않아도 출산율을 떨어뜨릴 수 있지만, 그러려면 사람들의 사고방식과 가치관이 크게 달라져야 한다는 사실을 잘 보여준다. 여기서 바른 눈은 부부들이 세계 인구를 지속 가능한 수준으로 유지하기 위해 각각 자녀를 두 명 이상 낳지 않기로 하는 것이다.

달라이 라마는 가난과 천연자원의 고갈 위험에 대해 몹시 걱정하고 있다. 달라이 라마는 모든 생명이 거룩하지만 전 세계, 특히 가난한 나라의 현실을 생각하면 출산율을 떨어뜨리는 일이 꼭 필요하다고 확신한다.

다행히도 거의 모든 가난한 나라의 정부들은 자기 나라의 출산율이 너무 높다는 생각을 한다. 하지만 이 문제를 해결하기 위해 조치를 취하는 데는 애를 먹고 있다. 달라이 라마는 오직 평화적인 방법으로 출산율을 줄여야 한다는 점을 강조한다. 달라이 라마가 말하는 평화적인 수단이란, 가족의 크기를 줄이도록 사람들을 설득하는 것이다. 케랄라의 예를 보면, 출산율을 낮추기 위해 반드시 대규모 투자를 할 필요는 없다. 교육과 사고방식을 바꾸는 것이 급선무다. MUYZENBERG

기업과 정부는
가난 해결사

세계의 빈곤 문제를 해결하려면 중앙정부와 지자체들이 바른 정책을 세우고, 선진국이 지원을 해주고, 책임감 있는 글로벌 기업이 나서야 한다. 한국은 정부가 변화를 이끌어내는 데 적극적으로 앞장선다면, 짧은 시간 안에 가난을 극복할 수 있음을 잘 보여주었다. 기업가정신이 꽃피고 가난에서 빠져나올 수 있는 기본적 환경을 만드는 것은 정부의

몫이다. 또 바른 의욕을 지닌 글로벌 기업들은 자신은 물론 자신이 활동하는 여러 나라의 가난한 사람들에게 이로운 경영 방법을 찾아낼 수 있다. 나는 부자나 기업가들이 자선단체에 기부하는 것을 환영한다. 하지만 기업이 일자리를 창출하고 가난한 사람들의 기업가정신을 자극할 수 있는 방법을 찾아내는 것을 더욱 환영한다. 가난한 사람들이 스스로 사업을 해내고 성공적으로 이윤을 올릴 수 있게 도와준다면 변화의 속도는 훨씬 빨라질 것이라고 확신하기 때문이다. 가난은 단 몇 년 안에 해결할 수 없는 어려운 문제다. 따라서 가난한 사람들이 번듯한 삶을 누릴 수 있도록, 새롭고 창조적인 정책들을 가능한 한 많이 실행하는 것이 매우 중요하다. DALAI LAMA

인도의 샥티 프로젝트

 유니레버는 전 세계의 소비자들에게 건강보조식품과 위생용품을 판매하는 글로벌 기업이다. 이 회사는 기본적인 비즈니스 외에 두 가지 중요한 목표를 갖고 있다. 하나는 시장에서 기업과 사회를 위해 부를 창출하는 것이고, 다른 하나는 기업이 환경에 미치는 부정적인 영향을 최소화하는 것이다.[11] 유니레버는 빈곤을 물리치고 부를 창출하려면 가난한 사람들에게 기업가정신을 전파해야 한다는 점을 깨달았다. 그

래서 인도, 인도네시아 등 여러 나라에서 새로운 기업가를 키우고 일자리를 만들어냈다. 이런 전략은 회사와 사회 모두에 큰 이득을 안겨주었다.

유니레버 인도 지사는 시장을 넓히기 위해서는 작고 외딴 마을의 수많은 잠재적 소비자들에게 도달할 방법을 찾아야 했다. 그런데 인도의 시골 마을들에는 상점이 없으니 판매망이 없고, 매체가 없으니 광고도 무용지물이며, 도로 사정이 형편없어 운송 또한 쉽지 않았다. 그래서 고안해낸 것이 바로 샥티 프로젝트이다(샥티는 힌두어로 '힘'이라는 뜻이다). 2000년, 유니레버는 NGO, 소액대출 은행, 지방자치단체와 함께 이 프로젝트를 시작했다. 인도의 작은 마을에서는 여성들이 일종의 두레를 조직해 상부상조하는 경우가 많다. 유니레버는 이 부녀자회를 상대로 샥티 프로젝트를 홍보하고, 여성들 중 창업을 희망하는 사람들을 모집했다.

샥티를 가장 쉽게 이해하려면 실제 사례를 보면 된다. 몹시 가난한 집에서 태어난 로자마는 열일곱 살에 결혼해서 두 딸을 낳았지만, 남편에게 버림받고 혼자 힘으로 생계를 해결해야 했다. 그녀는 어머니의 밭에서 일하고 하루에 몇 루피씩 벌었지만, 그 돈으로는 끼니를 때우기도 아주 힘들었다. 유니레버는 로자마가 속한 부녀자회에서 샥티 프로젝트를 설명하고, 지원자에게는 마을에서 유니레버의 제품을 판매할 기회를 주겠다고 했다. 로자마는 일을 해보겠다고 나섰다.

유니레버는 로자마에게 세일즈 기술과 회계장부 작성법을 가르쳐주었다. 또 그녀가 유리한 조건으로 1만 루피(약 200달러)를 빌릴 수 있게 도와주었다. 작지만 어엿한 사업가가 된 로자마는 빌린 돈을 창업에 필요한 물품을 확보하는 데 투자했다. 그녀는 유니레버의 제품을 들고 손님들을 찾아다녔다. 그녀의 목표는 500명의 단골을 확보하는 것이었다. 현재 그녀는 매달 1만 루피어치 물건을 팔고, 800루피 정도의 수익을 남긴다. 로자마는 말한다. "남편이 떠났을 때 내게 남은 것은 두 딸밖에 없었습니다. 하지만 지금은 나를 모르는 사람이 없어요. 내가 뭔가를 해낸 겁니다. 덕분에 나와는 달리 내 딸들은 학교에 다닐 수 있게 되었지요."

2006년 현재, 샥티 프로젝트에 참여한 여성은 3만 명이 넘고, 이 프로젝트는 5만 개 마을에서 성공적으로 운영되고 있다. 유니레버는 2010년까지 10만 명의 샥티 기업가를 양성해, 50만 개 마을의 주민 6억 명에게 물건을 파는 것을 목표로 하고 있다.[12]

공동선을 위한 혁신

가장 유명한 NGO 중 하나인 옥스팜은 유니레버와 함께 이 회사가 인도네시아에 미친 영향에 관한 조사를 실시했다. 이것은 기업과 NGO가 공동으로 광범위한 평가를 실시한 중요한 연구였다.

그사이 인도네시아는 상당한 경제 발전을 이룩했다. 현재 인구는 2억 2천 5백만 명으로 아주 많은 편인데, 2050년에는 2억 8천 5백만 명에 육박할 것으로 예상된다. 인도네시아의 출산율은 2.4명이고, 국민의 약 50퍼센트가 하루 생활비 2달러에 못 미치는 가난한 생활을 하고 있다. 이것은 중국과 비슷한 수준이지만 인도보다는 훨씬 나은 편이다.

옥스팜과 유니레버는 유니레버가 인도네시아에서 벌이고 있는 활동이 어떤 영향을 미치고 있는지, 빈곤 퇴치에 도움이 되는지 방해가 되는지를 평가하는 공동연구를 수행하기로 했다.[13] 처음 연구를 시작할 때 옥스팜은 글로벌 기업의 활동에 대해 긍정적인 시각과 회의적인 시각을 모두 갖고 있었다. 옥스팜과 유니레버는 서로를 무게 있는 조직으로 인정했으며, 서로를 존중했다.

연구는 1년 이상이 걸렸다. 소규모 생산자와의 관계에서부터 저소득층 소비자와의 상호작용에 이르기까지 부가가치가 생성되는 전 과정을 조사하고, 고용정책 및 지역공동체에 미치는 영향까지 살펴보는 폭넓은 연구였다.[14] 이를 통해 유니레버와 옥스팜은 기업이 빈곤퇴치에 기여할 수 있는 부분과 그렇지 못한 부분이 무엇이며, 그것을 결정하는 현실적인 상황과 제약은 무엇인지 깊이 있게 파악할 수 있었다.

연구 결과, 창출된 총 가치의 3분의 2가 유니레버가 아닌 다수의 참여자들 즉, 생산자, 공급업자, 도소매업자, 인도네시아 정부에 돌아간다는 사실이 밝혀졌다. 하지만 연구의 결론은 다음과 같았다.

"가난한 사람들이 유니레버의 사업에 참여한다고 자동적으로 삶이 나아지는 것은 아니다. 공급과 판매 네트워크가 가난한 사람들에게 더 큰 혜택을 안겨주려면, 다양한 사회적 장치와 자원이 확보되어야 한다."

옥스팜은 다음과 같이 말했다.

"지금도 많은 기업들이 이윤 극대화를 목표로 삼고 있으나, 우리는 기업의 결정이 엄격히 이윤만을 근거로 한 계산으로 이어지는 경우는 드물다는 것을 유니레버에게서 배웠다. 비즈니스가 곧 기업의 본령이라는 사고방식은 시대에 뒤떨어졌다. 공동선을 위한 혁신의 기회가 엄청나게 많이 존재한다."

이것은 옥스팜과 유니레버가 모두 현실을 똑바로 바라본 사례이다. 두 조직은 처음에 각각 다른 시각에서 출발했으나, 진실을 알아내고 싶다는 일념 때문에 이 공동연구가 자신들의 평판에 부정적인 영향을 미칠지도 모른다는 걱정을 극복했다. MUYZENBERG

 유니레버는 인도와 인도네시아에서 상호의존적인 관계를 맺고 있다. 유니레버의 이야기는 바른 눈의 이치를 실행한 좋은 예이다. 유니레버가 인도네시아에서 거둬들이는 수익만 따지는 것은 편향된 시각이다. 유니레버 이외의 이해당사자들도 이윤을 올리고 있기 때문이다. 이윤이 시스템을 지속 가능한 것으로 만들어주고 있다고 할 수 있다. 따라서 서로 이어진 고리들 중 하나에서 손실이 발생하면 시스템 전체가 위험에 처한다.

나는 특히 유니레버가 다양한 노하우를 기꺼이 나누려는 태도에 관심이 간다. 우리는 남에게 지식을 나눠주거나 나눠주지 않거나 둘 중 하나를 택할 수 있다. 유니레버는 기업가가 되는 법, 품질 좋은 물건을 만드는 법, 효율적인 생산 시스템을 개발하는 법 등 여러 가지 지식을 나누고 있다. 이처럼 노하우를 전수하는 것은 유니레버에도 이로운 일이다. 나는 유니레버가 벌어들인 직접적 수익까지 남들과 나눌 필요는 없다고 본다. 이 시스템에 참여한 모든 사람들이 이미 자기 조직 안에서 수익을

얻고 있으며, 유니레버와 함께 창출한 부가가치를 공동으로 누리고 있기 때문이다. Dalai Lama

책임감 있는 자유가
규제를 줄인다

 자유와 규제는 매우 흥미로운 한 쌍이다. 누군가에게는 자유인 것이 누군가에게는 제약이 될 수 있다. 예를 들어, 제약회사가 신약을 개발하더라도 규제가 매우 엄격하기 때문에 판매 허가를 받기까지는 긴 시간이 걸린다. 신약이 일반 대중에게 판매되려면, 보통 개발이 완료된 때로부터 짧게는 5년, 길게는 10년씩 걸린다. 이 기간 동안 제약회사는 대상자의 규모를 점차적으로 늘려가며 임상실험을 해야 한다. 이것은 규제가 기업의 비즈니스를 제한하는 예이다. 하지만 이런 규제는 소비자에겐 매우 이로운 일이다. 약을 복용하게 될 사람들이 부작용을 겪지 않을 확률이 높아지기 때문이다. 규제는 항상 몇몇 요인들에 제한을 두는 것이고, 그 몇몇 요인들이 다른 사람에게는 자유가 될 수도 있다. 모든 사람을 만족시키는 규제를 만들어내기가 어려운 것도 그 때문일 것이다.

불교도인 나는 자유를 제한해야 한다는 생각은 별로 하지 않

는다. 우리는 누구나 바른 동기를 가졌다면 자신의 자유를 남용하지 않을 거라고 믿는다. 우리가 자유를 이야기할 때는 주로 나쁜 습관, 나쁜 행동, 나쁜 의도로부터 스스로를 해방시키는 것을 생각한다. 사람은 부정적인 생각과 감정에 시달리지 않아야만 진정으로 자유로워진다. 나는 국가가 자유를 제한하는 법규를 만들 필요가 있다는 사실을 인정한다. 하지만 법규에는 책임감 있는 사람이라면 애당초 어기지 않을 규정들이 많이 포함되어 있다는 생각도 한다. 사실, 책임감 있는 행동은 단순히 법을 어기지 않는 수준을 넘어서는 것이다. 많은 기업들이 법규 자체만이 아니라 법의 정신까지 존중하겠다는 원칙을 스스로 세워놓고 있다는 사실을 알게 되어 기쁘다.

사람들은 대부분 최대의 자유를 원한다. 하지만 책임 없는 자유는 안 된다. 그런 자유는 위험하기까지 하다. 예를 들어, '절대 자유'란 말은 가장 강한 자가 모든 것을 결정한다는 의미로 사용된다. 이때 강자의 시각이 옳든 그르든 상관없다. 정치인은 물론 지식인들 중에도 약자를 보호하는 것은 근본적인 실수라고 주장하는 사람들이 있다. 약자를 보호하면 인간 종이 퇴화한다는 것이다. 히틀러 시대에는 이런 주장이 인기를 얻었다. 히틀러는 가장 힘센 나라가 세계를 다스리며 옳고 그름을 결정해야 한다고 믿었다.

불교는 모든 사람이 신체적으로나 정신적으로 각자 어떤 능력과 강점에 상관없이, 정의를 누리고 남부럽지 않은 삶을 살아갈 권리가 있다고 본다. 그리고 행동할 때는 반드시 바른 눈과 바른 일의 이치를 따라야 한다고 생각한다. 불교는 법률을 통해 규제할 필요성도 인정한다. 분명한 것은, 사람들이 바른 눈과 바른 일의 원칙을 따른다면 필요한 규제의 수가 훨씬 줄어들 것이라는 점이다. 그렇지만 불교는 바른 눈과 바른 일의 원칙을 따르지 않는 사람이 많은 것이 현실이며, 따라서 엄격한 규제가 필요하다는 점을 인정한다. 자율이 항상 최우선이지만, 그것만으로는 충분치 않다.

세계가 직면한 문제 중에는 궁극적으로 정치 경제 사회적 불평등과 불의에서 비롯된 것들이 많다. 결국 이것은 우리 모두의 행복이 걸린 문제다. 지금 세상에는 가난 때문에 고통받는 사람들이 있는가 하면, 인간으로서의 기본권과 자유를 누리지 못하는 사람도 있다. 이런 상황들을 분리해서 별개로 생각하면 안 된다. 그러면 결국에는 이런 상황이 온 사방에 영향을 미칠 것이다.
세계는 점점 작아지고 있으며, 모든 것이 서로에게 의존하고 있다. 다른 사람의 이득이 실제로 나 자신의 이득이 되는 세상이다. 다른 사람들이 행복하면, 우리도 행복할 것이다. 다른 사람들이 고통받으면, 우리도 결국은 고통받을 것이다.[15]
기업, NGO, 정부를 막론하고 모든 조직이 거대한 경제 불균형을 해결하기 위해 리더십을 발휘해야 한다. 나는 이제 인류가 하나라는 생각으로, 그리고 오늘날 세계가 서로 긴밀하게 연결되어 있다는 근본적 이해를 바탕으로 문제를 해결해야 할 때가 왔다고 본다.[16] DALAI LAMA

CHAPTER 09

세상을 바꾸는 힘
The Responsible Free-Market Economy

자유와 행복의
조건

 자유와 행복을 향한 인간의 열망은 무엇으로도 억누를 수 없다. 수십 년 전 동유럽의 여러 도시에서 시위를 벌인 수많은 사람들, 내 고향 티베트인들의 흔들리지 않는 결의, 그리고 최근 버마에서 일어난 시위 등은 모두 이 진실을 강력하게 일깨워준다. 8장에서 이야기했듯이, 자유는 창의성과 인간 발전의 원천이다. 한때 공산주의는 사람에게 의식주를 보장해주면 충분하다고 생각했다. 하지만 의식주를 다 가졌더라도, 심오한 본성을 지탱해줄 소중한 자유를 숨쉴 수 없

다면 우리는 반쪽짜리 인간밖에 되지 못한다.[1]

나는 티베트에서 일종의 문화적 대량학살이 일어났다고 믿는다. 티베트의 정체성은 끊임없이 공격받았다. 독특한 언어, 풍습, 전통 등 티베트 특유의 문화유산이 사라져가고 있다. 실제로 티베트에는 종교의 자유가 없다. 중국 헌법이 기본적인 자유권을 보장한다 해도, 사실 자치권은 전혀 없다. 거의 60년 동안, 티베트인들은 중국의 억압 아래서 지속적인 공포와 협박, 의심 속에 살아왔다. 그럼에도 그들은 자유를 향한 기본적인 열망을 버리지 않았다. 요즘 티베트에서 벌어지고 있는 시위와 저항은 오랜 세월 억압에 시달리며 쌓인 티베트인들의 분노가 자발적으로 터져나온 것이다. 하지만 나는 티베트인들과 중국 모두에게 말한다, 폭력을 사용하지 말라고. 우리의 유일한 무기, 유일한 힘은 정의와 진실이다. 만약 티베트인들 대다수가 폭력에 호소한다면, 나는 티베트인들의 대변자 역할을 그만두는 수밖에 없다.

중국은 경제발전에 힘입어 강력한 국가로 부상하고 있다. 반가운 일이지만 경제발전만으로는 충분하지 않다. 언론의 자유뿐만 아니라 법치와 투명성, 알권리가 보장되는 발전이 이루어져야 한다.[2]

내가 보기에 자유를 기반으로 한 민주주의는 권력 남용의 위험을 최대한 줄이면서 모든 사람을 행복하게 만들 수 있는 체제이다. 민주주의는 정부 내에 견제와 균형의 시스템이 갖춰져 있기 때문에 통치자가 나쁜 의도를 갖고 있거나 무능하다는 사실이 밝혀졌을 때 문제를 해결할 수 있다. 따라서 정부는 국민에게 봉사해야 하며, 그 과정에서 책임 있게 행동해야 한다는 사실을 항상 의식하게 된다.

붓다는 자유를 매우 귀하게 여겼다. 자유로운 선택과 책임이 중요하다고 했다. 하지만 붓다는 계율의 중요성도 거듭 강조했다. 훌륭한 계율은 고통을 줄이고 행복을 키운다고 보았다. 인간의 핵심 가치는 바로 행복을 추구한다는 것이다. 그리고 강제에서 벗어난 자유야말로 행복의 중요한 부분이다. 예를 들어, 국민과 언론이 자유로운 표현의 권리를 빼앗긴다면, 일반 대중은 무책임한 기업이나 정부가 자신들의 생각을 조종했다는 것을 아주 심각한 사태가 벌어진 뒤에야 깨닫게 될 것이다. 민주주의는 여러 대안을 놓고 공개적으로 토론할 수 있다는 장점이 있다. 이런 공개 토론을 통해 사람들은 더 많은 정보를 얻을 수 있고, 새로운 해결책을 찾아낼 수 있다. 지금 내가 이야기하는 것은 기능을 제대로 발휘하는 민주주의이다. 1당 민주주의나 '1인 리더의 영구 집권' 민주주의, 혼돈 정국의 민주주의가 아니다. 그리고 나는 비민주적인 체제를 제대로 작동하는 민주주의로 바꾸는 것이 엄청난 도전이라는 점도 알고 있다. DALAI LAMA

『리더스 웨이』는 리더가 바른 원칙을 따라 결정하려면 어떤 능력을 가져야 하고, 어떻게 마음수련을 해야 하는지에 대해 이야기하는 책이다. 우리는 또 리더의 역할, 즉 리더가 기업의 가치관과 목표를 세우는 방법에 대해서도 생각했다. 그리고 기업의 사회적 책무를 깨닫고, 지속 가능한 환경을 위해 노력하며, 빈곤퇴치에 앞장서는 선구적 기업들의 활동도 살펴보았다. 그런데 이 모든 것은 경제와 정치 시스템이라는 울타리 안에서 일어나는 일들이다.

달라이 라마와 나는 통찰력을 지닌 리더와 기업이 번영할 수 있는 정치 경제 시스템에 대해 많은 이야기를 나누었다. 달라이 라마는 성공적인 정치 체제의 바탕에는 자유뿐만 아니라, 체제에 속한 모든 사람의 행복에 대한 관심과 측은지심도 깔려 있다고 말했다. 그리고 그런 체제는 '자유시장'이라는 우산 속에서 가능하다는 사실을 깨달았다고 한다. MUYZENBERG

시스템이 전부는
아니다

오랜 세월, 나는 사회주의와 공산주의를 좋게 생각했다. 사회주의와 공산주의의 목표가 모든 사람에게 남부럽지 않은 생활과 정의를 보장하는 것이라고 알고 있었기 때문이다. 그 체제가 평등을 강조하고, 극심한 빈부격차를 용납하지 않는다는 점이 매력적이었다. 더구나 사회주의와 공산주의는 빈곤을 물리치고, 국가라는 경계를 넘어 전 인류를 형제애로 결속시킨다는 목표도 갖고 있었다. 하지만 시간이 흐르면서 나는 공산주의 국가들이 이 목표에 도달하지 못했음을 알게 되었다. 사실 그들은 아예 노력조차 하지 않았다. 목표를 이루기는커녕, 표현의 자유는 사라지고, 발전은 정체되었다. 이제 나는 그들이 애초에 설정한 목표는 옳았다고 믿지만 그 시스템에는 결함이 있다는 점을 깨달았다.

나는 중국공산당 의장인 마오쩌둥을 만나면서 공산주의를 깊이 이해하게 되었다. 개인적으로 나는 여러 면에서 마오에게 감탄했다. 그가 내게 공산주의를 설명해주었을 때, 나는 그것이 중앙계획경제를 바탕으로 한 통제 시스템이라는 사실을 깨닫지 못했다. 마오는 자본가들이 더이상 노동자를 착취할 수 없는 체제가 공산주의라고 설명했고, 나는 그의 말을 전적으로

지지했다. 그때 나는 사유재산권을 없애는 것이 곧 국가가 소유권을 독점한다는 뜻이고, 결국은 과거의 봉건 귀족처럼 공산당 엘리트들이 억압적인 통제 정책을 펴게 될 거라고는 전혀 생각지 못했다. 물론 지금은 공산주의가 수많은 인권침해 사례를 낳았음을 모두가 잘 알고 있다.

한번은 마오가 각료회의에 나를 초대했다. 그 회의에서 특히 기억에 남는 것은, 마오가 각료들에게 정부의 효율을 높이기 위한 의견을 내놓으라고 말한 순간이었다. 아무도 입을 열지 않았다. 그러자 마오는 자기가 받은 편지 한 통을 꺼내놓았다. 국민들이 지금 얼마나 많은 심각한 문제들에 시달리고 있는지를 토로한 편지였다. 마오는 중국 국민들의 행복을 위해 진심으로 고민하고 있는 듯했다. 나는 그가 보여준 위대한 인간성에 감탄했고, 한동안 그를 존경했다. 하지만 내 마음은 한순간 결정적으로 바뀌었다. 그가 나에게 "종교는 독과 같다"고 말한 순간이었다. 마오는 내가 불교도라는 걸 알고 있었다. 따라서 이 말은 그가 내게 보여준 우정이 진심이 아니라는 뜻이었다.

나는 사람들의 말에 귀 기울이고 현실을 면밀히 관찰하는 과정을 통해 자유시장경제를 신뢰하게 되었다. 이 시스템도 악용될 가능성은 많다. 하지만 자유시장경제는 다양한 생각, 자유, 종교를 허용한다. 그래서 나는 이 시스템을 출발점으로 삼아야 한다고 확신한다. 물론 지금도 나는 '적자생존'의 원칙을 맹신하는 자유시장보다는, 누구나 남부럽지 않은 삶을 살 수 있도록 우리 모두가 노력하는 것이 옳다고 생각한다. 그런 점에서는 사회주의에도 본받을 만한 측면이 있다. <small>DALAI LAMA</small>

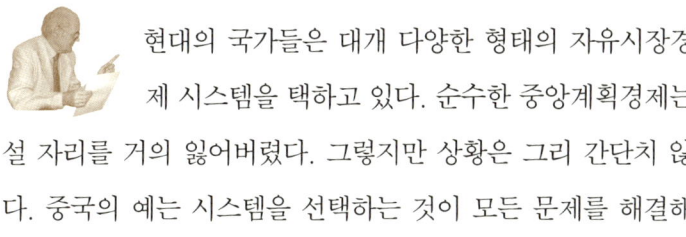

현대의 국가들은 대개 다양한 형태의 자유시장경제 시스템을 택하고 있다. 순수한 중앙계획경제는 설 자리를 거의 잃어버렸다. 그렇지만 상황은 그리 간단치 않다. 중국의 예는 시스템을 선택하는 것이 모든 문제를 해결해주지 않는다는 것을 잘 보여준다.

지난 수십 년 동안 중국은 경제 우선 정책을 펴왔다. 중국의 정치 지도자들은 공산주의식 중앙계획경제를 포기하고, 생산 수단의 국가 소유권을 점차 줄였다. 또 농업, 산업, 군사, 과학 기술 등 4개 분야의 현대화를 목표로 정했다.[3] 중국은 농촌 공동체를 해체하고, 농부들이 땅을 빌려 농사를 짓고 수확물의 일부를 시장에서 자유로이 팔 수 있게 해주었다. 선전深圳과 샤먼厦門을 경제특구로 지정해 외국인 투자를 유치하고 새로운 공장들을 건설했다. 군의 현대화를 위해서는 군인의 수를 줄이는 대신 첨단 무기를 개발했다. 그리고 과학기술을 발전시키기 위해 수많은 학생들을 외국, 특히 미국으로 보내 과학과 공학을 공부하게 했다.

중국은 자유시장 시스템을 받아들여 커다란 경제적 성과를 거두었지만, 최근 들어 국제사회의 감시가 더욱 면밀해졌다. 또 인권 문제도 여전히 해결되지 않고 있다. 중국의 규제와 금융 정책은 아직 다른 자유시장경제 국가들의 수준에 미치지 못한다. 중국은 공산당을 기반으로 한 정부가 자유시장경제를 접목시킨 사례다. 그 덕분에 중국의 전반적인 생활수준은 향상되었다. 하지만 농촌은 지금도 가난에 허덕이고 있으며, 기본적인 자유도 부분적으로는 계속 억압되고 있다.

창출인가 분배인가

1776년, 애덤 스미스는 『국부론』을 발표했다. 국가가 반드시 실행해야 하는 정책들을 '가르치기' 위해 쓴 책이었다. 여기서 그는 모든 사람들, 특히 노동자들이 남부럽지 않은 생활을 누리게 해줄 도덕적 책임이 사회에 있다고 주장했다. 그리고 이 목표를 실현시킬 방법은 오로지 자유시장경제밖에 없다는 결론을 내렸다. 그가 말한 '자유'란 정부가 만들어놓은 시스템 안에서 사람들이 재화와 용역을 자유로이 사고팔 수 있어야 한다는 의미였다.[4] 그는 두 가지 깨달음을 바탕으로 이런 결론을 내렸다. 첫째, 부를 창출하는 가장 효율적인 방법은 경쟁이다. 둘째, 경쟁의 효과를 좌우하는 것은 정부의 규제다. 이 두 가지 깨달음은 오늘날에도 여전히 진실하다.

하지만 애덤 스미스가 살던 시대의 국가는 경쟁의 효과를 높이려고 애쓰지 않았다. 정부는 수입품에 관세를 매기고 쿼터제를 실시하는 등 여러 무역장벽을 세워 국내 산업을 경쟁으로부터 보호했다. 이런 규제는 지금까지도 끈질기게 남아 있다. 애덤 스미스는 기업들이 경쟁으로부터 자신을 보호해주면 국가에 이익이 된다고 정부를 설득해 경쟁을 피하려 할 것이라고 지적했다. 그런데 이렇게 경쟁을 억제하는 방식은, 두 가지 부정적인 결과를 낳았다. 첫째, 사람들의 구매력, 특히 저소득층 임금노동자의 구매력이 줄어들었다. 둘째, 기업들은 실적을 높이거나 변화에 대처하려고 노력하지 않아도 만족할 만큼 이윤을 낼 수 있기 때문에 창조적 혁신에 무관심했다.

애덤 스미스는 또한 특정 기업들이 조직을 결성해 자신들에게 유리한 정책을 실시하도록 정부에 압력을 가할 것이고, 그 대가는 일반 대중이 치르게 될 것이라고 했다. 당시의 기업들은 동시에 다 같이 가격을 올리거나, 수요보다 생산량을 낮춰서 가격을 올리는 등, 담합을 하기 일쑤였다. 따라서 기업의 압력을 견디고 인위적으로 가격을 상승시키는 담합을 막는 것이 정부의 임무였다. 정부에 압력을 행사해 경쟁을 왜곡시키는 것은 기업들만이 아니었다. 직종별 조직과 길드 조합원들도 이익단체로서 영향력을 행사했다. 애덤 스미스는 사람들의 연합 자체는 반대하지 않았다. 하지만 그런 단체들이 대개 대중의 행복보다는 자신의 이익에만 관심을 둔다고 경고했다. 그는 "기업이든 개인이든 대중을 희생시켜 자신이 이득을 볼 수 있다면 항상 그렇게 할 것"이라고 말했다.

그리고 이러한 이기심을 '보이지 않는 손'이라고 표현했다.

"모든 개인이 외국이 아니라 자국의 산업을 지원하는 목적은 오로지 자신의 안전을 확보하기 위해서다. 모든 개인이 자국의 산물이 최고의 가치를 지닐 수 있게 산업의 방향을 이끄는 목적은 오로지 자신의 이윤이다. 다른 경우와 마찬가지로, 이때 개인을 이끄는 것은 보이지 않는 손이다. 이 보이지 않는 손은 개인이 전혀 의도하지 않은 목표를 추구한다. (……) 우리가 매일 저녁을 먹을 수 있는 것은 정육업자, 양조업자, 빵집 주인 들의 자비심 덕분이 아니라, 그들이 자신의 이익을 생각하기 때문이다."[5]

달라이 라마는 이러한 이기심 뒤에 숨은 위험을 인식하고 있다. MUYZENBERG

 애덤 스미스는 자신을 다른 사람의 입장에 놓아봄으로써 도덕적인 감각을 기를 수 있다고 말했다. 우리가 '역지사지'라고 일컫는 방법이 바로 그것이다. 그런데 안타깝게도 애덤 스미스는 사람들이 역지사지를 훈련해야 한다는 점을 충분히 강조하지 않았다. 그는 도덕적인 문제에 관심이 아주 많았고 통찰력 또한 갖고 있었다. 그런데도 경쟁과 적당한 규제만으로 모든 사람이 번영을 누릴 수 있을 거라고 믿었다. 바른 일을 행하는 것이 필수라고 강조하는 것을 그만 깜빡한 것이다. 규제와 경쟁만으로는 모든 사람이 남부럽지 않은 삶을 누릴 수 없다.

애덤 스미스를 비롯한 여러 경제학자들은 부의 '창출'에는 관심이 있지만, 부의 '분배'에 대해서는 어떤 지침도 주지 않는다. 반면 마르크스는 이 문제를 정반대의 눈으로 보았다. 그는 부의 창출은 제쳐두고, 오로지 부의 분배에만 관심이 있었다. 내가 보기에는 부의 성공적인 창출과 올바른 분배가 모두 매우 중요하다. 이를 위해서는 바른 정책이 필요하며, 바른 눈과 바른 일의 이치를 실천해야 한다. DALAI LAMA

 애덤 스미스는 여러 면에서 시대를 앞서간 인물이
었다. 그는 정부의 역할이 아주 크다고 강조했다.
그중에는 경제활동의 물리적인 토대를 세우는 일, 소유권 확
립, 공정하고 효율적인 법 집행 등이 포함되어 있다. 그는 소
유권을 매우 중요시했는데, 소유권이 있어야만 사람들이 투자
하고 저축해서 생활수준을 향상시키는 데 매력을 느끼기 때문
이다.

또한 애덤 스미스는 달라이 라마와 마찬가지로 재산이 계속
늘어나면 행복해질 거라고 믿는 사람들의 태도에 관심을 가졌
다. 그리고 비록 오해받을 가능성이 다분하지만, 부를 추구하
는 것이 적어도 빈곤 문제 해결에는 도움이 된다고 했다. 그의
낙관주의는 다른 분야에서도 발견된다. 그는 자신에게 아무런
득이 없어도 남들이 행복해하면 덩달아 기뻐하는 것이 인간의
본성이라고 믿었다. 또 도덕적인 사람은 남들의 승인을 구하지
않으며, 비록 남들이 인정해주지 않더라도 스스로는 도덕적 원
칙을 지키며 살았다는 자기만족을 바란다고 했다. 그리고 그
자신도 그렇게 살았다. 애덤 스미스는 임종을 맞으면서 평생
저축해온 상당한 액수의 돈을 자선단체에 기부했다.

책임감 있는
자유시장경제

　20세기의 유명한 경제학자이자 자유시장 자본주의의 옹호자인 프리드리히 폰 하이에크는 애덤 스미스와 마찬가지로 자유시장 시스템 속에 자유를 확립하고 보호하는 것이 커다란 과제임을 인정했다.

　"자유와 책임은 떼어놓을 수 없는 관계다. 사람들은 자유를 두려워한다. 자신의 삶을 스스로 건설한다는 것이 실은 끝없는 과정이며, 목표를 이루기 위해서는 스스로 규율을 지키며 생활해야 하기 때문이다. 우리가 어떤 사람에게 책임을 지우는 것은 과거에 그가 다르게 행동했을 수도 있다는 생각 때문이 아니라 미래에 그의 행동이 달라지기를 바라기 때문이다. 만약 내가 나태해서, 혹은 실수로 다른 사람에게 해를 끼쳤더라도, 나는 그 책임에서 벗어날 수 없다. 그리고 그 결과를 마음 깊이 새겨야 한다는 사실을 분명히 깨달아야 마땅하다. 자유로운 사회는 우리에게 법이 정한 의무의 범위를 넘어서는 책임감으로 행동할 것을 강력히 요구한다."[6]

　자유시장 시스템은 평균소득은 끌어올려주지만, 도저히 간

과할 수 없는 빈곤은 여전히 문제로 남는다. 따라서 하이에크
는 가난한 사람을 보살피는 것이 당연하다고 생각했다.

"전반적으로 일정 수준의 부를 이룩한 우리 사회는 개인의
자유를 침해하지 않으면서도 건강을 지키고 노동력을 유지
할 수 있는 정도의 의식주와 교육을 모든 사람에게 얼마든지
보장해줄 수 있다."[7]

달라이 라마는 자유시장 시스템의 결점이 무엇인지 파악하
고, 측은지심을 바탕으로 한 책임감 있는 자유시장경제 시스템
을 지지한다. MUYZENBERG

 애덤 스미스는 경제의 도덕적 측면에 관심이 있었
다. 그러나 그의 후계자들은 이 부분을 무시해버
렸다. 나는 도덕이 없는 경제는 위험하다고 본다. 내가 '자유
시장'에 '책임'을 덧붙이고 싶어하는 것도 이 때문이다. 나는
스미스와 하이에크가 주장한 자유의 개념에 동의하지만, 그것
만으로는 우리가 멀리 나아갈 수 없다고 생각한다.

책임감 있는 행동이 필요한 것은 법과 규제를 통해 성취할 수
있는 것에 한계가 있기 때문이다. 정부가 국민들에게 예의바르

LEADER'S WAY

게 행동하라고 법으로 강제할 수는 없다. 체제는 기업과 정치 리더들이 바른 동기를 갖고 바르게 행동할 때만 제대로 작동할 것이다. 사람은 어떤 행동을 할 때마다 스스로에게 물어야 한다. 나는 지금 책임감 있게 행동하고 있는가? 이 말이 진부하다고 생각하는 사람이 많을 것이다. 하지만 사람은 남들의 무책임한 행동은 금방 지적해도 정작 자신의 무책임한 행동은 쉽게 알아차리지 못한다. 그리고 설령 자신이 무책임하게 행동했다는 것을 알더라도, 남들도 똑같다고 우긴다. 그러나 책임감을 갖고 행동하면 훨씬 행복해지고, 그만큼 마음도 평화로워질 것이다. 그리고 자기가 최선을 다했다는 생각에 만족감을 느낄 것이다. DALAI LAMA

달라이 라마의
다섯 가지 희망

 모두가 자유와 번영을 누리는 세상은 고결한 목표다. 이 책에서 우리는 기업과 정부의 지도자들이 빈곤퇴치, 지속 가능한 환경 만들기, 인권 보호, 사법체제 정비, 다양성의 강화 등을 주도적으로 이끌어야 한다고 거듭 강조했다. 달라이 라마는 우리가 이런 문제들을 해결하려고 적극적으로 노력한다면, 전 세계 모든 사람이 더욱더 커다란

평화와 행복을 느끼게 될 것이라고 믿는다. 달라이 라마는 이 문제들이 각각 품고 있는 가능성과 미래의 전망을 하나씩 차례로 살펴보았다. <small>MUYZENBERG</small>

빈곤 없는 세상

전 세계를 여행하면서 나는 너무나 잘사는 나라와 혹독하게 가난한 나라를 보며 놀라움과 당혹감을 동시에 느낀다. 전 세계의 부자는 점점 많아지고 있다. 그런데도 가난한 사람은 여전히 가난하다. 심지어는 원래도 가난했던 사람이 훨씬 더 가난해지는 경우도 있다. 내가 보기에, 이것은 매우 부도덕하며 정의롭지 못한 일이다.

빈부격차를 줄이기 위해 국가는 물론 전 세계가 나서야 한다. 인류라는 공동체의 일부가 넘치는 풍요를 즐기는 사이, 같은 행성에 사는 다른 사람들은 굶주리다 죽어가는 불평등은 도덕적으로 잘못된 것일 뿐만 아니라, 사회불안을 야기하는 실질적인 원인이다.[8]

지속 가능한 환경을 위한 경제

상호의존은 환경의 지속 가능성에서 핵심 개념이다. 그것이 자연의 기본 법칙이기 때문이다. 세상에는 무수한 형태의 삶이

있지만, 모두가 상호의존의 다스림을 받는다. 우리가 살고 있
는 이 지구, 바다, 구름, 숲, 주변의 꽃 들까지 모든 자연현상은
에너지, 물, 공기의 상호작용에서 비롯된다. 이들 사이에 적절
한 상호작용이 이루어지지 않는다면, 모든 것은 부패하고 파괴
될 것이다.

　우리는 이 자연법칙을 지금보다 훨씬 더 소중히 생각해야 한
다. 예전에는 이런 법칙을 몰랐기 때문에 지금 수많은 문제에
시달리게 되었다. 천연자원의 소비를 최대한 제한하고, 지속
가능한 발전으로 최대한 빨리 옮겨가야 한다. 걷잡을 수 없는
인구성장을 방치하는 것은 선진국에서든 후진국에서든 자원
부족 사태로 이어질 뿐이다. 그리고 자원 쟁탈 전쟁은 평화에
심각한 위협이다. 우리는 생명이라는 예민한 기반을 귀하게 여
기고, 생명이 스스로 빈틈을 채울 수 있게 해주어야 한다.[9]

인간의 기본권이 보호되는 세상

　문화나 역사적 배경과는 상관없이, 인간은 누구나 위협, 감
금, 고문을 당하면 고통을 느낀다. 유엔이 인권을 규정한 것만
으로는 충분하지 않다. 그 규정을 실천에 옮기는 것이 중요하
다. 나는 유엔의 규정이 상당히 훌륭하다고 생각하지만, 권리는
책임감 있는 행동에서 나온다. 그래서 내가 책임감 있는 자유시
장경제에서 '책임감 있는'이라는 말을 그토록 강조한 것이다.

현재 자유시장경제를 실천하고 있는 일부 아시아 국가들은 각국의 문화적 배경이나 사회 경제의 발전 정도가 다르기 때문에 서구 선진국의 인권 기준을 자신들에도 똑같이 적용할 수는 없다고 주장한다. 그러나 내 생각은 다르다. 그리고 대다수 아시아인들도 나와 같을 거라고 믿는다. 자유, 평등, 존엄을 갈망하는 것은 인간의 본성이다. 그리고 누구나 이것을 누릴 권리가 있다. 내 생각에, 경제개발과 인권보호는 전혀 상충하는 요소가 아니다. 책임감 있는 행동으로 이 두 가지를 실천하기만 한다면 말이다.

전통이라는 말로 인권침해를 정당화할 수는 없다. 어떤 지역에서 다른 인종, 여성, 사회적 약자를 차별하는 것이 전통일 수는 있어도, 그것이 보편적인 인권에 어긋난다면 반드시 바뀌어야 한다. 모든 인간이 평등하다는 보편적인 원칙이 무엇보다 우선이다.[10]

다양성을 즐기는 인류

문화와 종교의 다양성은 공동체에 생기를 불어넣는다. 그것은 갈등의 원인이 될 수 없다. 그런데도 세계 여러 지역에서 이것이 갈등을 낳고 있다. 다양성에는 우리 모두를 인간 가족으로 묶어주는 근본 원칙이 있다. 인종 종교 성별에 상관없이 모든 사람이 똑같은 잠재력을 타고난다는 믿음이다. 나는 다양성

이 대단히 강력하고 긍정적인 힘이라고 생각한다.[11]

티베트인들은 고유의 문화를 갖고 있다. 우리가 소중히 간직해온 이 문화는 다른 민족들에게도 다양한 아이디어를 제공한다. 붓다의 가르침을 바탕으로 티베트인들이 발전시킨 지식은 우리의 문화적 특징 가운데 하나다. 사실, 붓다의 가르침이 맨처음 시작된 곳은 티베트가 아니라 인도였다. 이것은 다른 나라에서 생겨난 새로운 사상을 접하는 것이 얼마나 중요한가를 잘 보여준다. 자기와 다른 생각을 진심으로 이해하는 것은 매우 긍정적인 일이다. 그로 인해 자신의 마음이 풍요로워지기 때문이다. 이에 대해 간디는 이런 유쾌한 말을 했다.

"내 집이 벽으로 둘러싸이는 것도, 창문이 막히는 것도 싫다. 모든 땅의 문화가 최대한 자유롭게 내 집 주위를 떠다녔으면 좋겠다. 하지만 바람에 실려 내 발이 땅에서 떨어지는 것은 사양한다."[12]

책임 있는 리더십

나는 승려로서 수행을 하면서 보편적인 책임감에 대해 생각하게 되었다. 다른 사람의 행복을 생각하다 보면 살아 있는 모든 것에 손을 내밀 수밖에 없어진다. 우리가 타인의 행복을 생각한다고 할 때, 그 대상은 주로 가족이나 친구 또는 우리에게 도움이 되는 사람들에 국한되곤 한다. 하지만 이 정도로는 부족하다. 우리는 모든 사람의 행복을 생각해야 한다. 아주 공격적인 적을 만나면 자신을 보호하기 위해 강하게 대응할 수 있지만, 그때도 그들 또한 인간임을 잊어선 안 된다.[13]

경제적 통합, 통신의 발달, 저렴한 교통수단의 등장으로 국가 간의 상호의존도는 급격히 증가했다. 이제 마을 단위는 물론이고, 자기 나라만 생각하는 것도 몹시 시대에 뒤떨어진 일이다. 정부는 자국민의 행복을 배려해야 할 책임뿐만 아니라 다른 나라들과 효율적으로 협력해야 할 책임도 있다. 우리가 단시간에 국경 없는 세계를 만들 수는 없을 것이다. 하지만 유럽연합 국가들이 자신의 주권 중 일부를 공유하는 법을 배워나가는 것을 보며 나는 희망을 얻었다. 다른 지역에서도 비슷한 변화가 일어나면 좋겠다. 유엔은 세계적인 차원에서 중요한 지침을 제공하고, 훌륭한 조치들을 취하고 있다. 그렇지만 세계의 문제를 해결하는 유엔의 능력은 아직도 매우 제한적이다. 나는 유엔이 그런 능력을 더 길러야 한다고 생각하지만, 다른 해결책 또한 간절히 바란다.

자유는 소중하다. 자유가 행복으로 이어지려면 사람들이 개인으로서, 또 조직의 일원으로서 책임감 있게 행동해야 한다. 인류 공통의 책임을 받아들이는 리더십, 그것이 바로 세상의 문제를 극복할 진정한 답이다. DALAI LAMA

LEADER'S WAY

인류의 번영과 행복을 위한 '책임감 있는 자유시장경제'

달라이 라마

　이 책을 읽고 바른 눈과 바른 일이라는 두 가지 개념만 머릿속에 생생히 새겨두길 바란다. 그러면 여러분의 의사결정 능력이 향상되고 삶의 만족감 또한 커질 것이다. 바른 눈을 지닌 사람은 자신의 의도를 살피고, 자신의 행동이 스스로는 물론 조직과 다른 사람들에게 미칠 영향까지 생각한다. 또한 다른 사람들에게 피해를 주지 않고 행복을 증진시키기 위해 최선을 다한다. 잘못된 결정으로 이어져 자신과 다른 사람들까지 불행하게 만드는 부정적인 생각과 감정도 덜어낼 수 있을 것이다.

　리더가 되면 주변에 미치는 영향력과 업무 능력이 크게 증가한다. 더불어 바른 결정을 내려야 할 책임 또한 막중해진다. 서로 연결된 세상에서 바른 결정을 내리는 일은 한층 더 중대한 과제로 변해가고 있다. 리더는 극심한 압박감 속에서도 침착하고 평온하게 마음의 중심을 놓치지 말아야 한다. 그러면 올바른 결론을 내리는 능력과 다양한 관점(단기적 장기적 관점, 직원의 관점, 고객의 관점, 주주의 관점, 사회 전체의 관점)에서 결과를 고려하는 능력이 향상될 것이다.

세계화는 분명 긍정적인 현상이다. 단, 기업들이 책임감 있게 행동하고 그 리더들이 사회에서 자신의 역할에 대해 전일론적인 시각을 가져야 한다. 조직들은 책임감 있게 행동하는 정부에 의존한다. 책임감 있는 자유시장경제라는 목표를 이루어 도덕이 부재하는 경제체제를 거부할 수 있으려면 기업과 정부가 건설적으로 협력해야 한다.

이 책은 자본주의와 불교를 조화시키는 방법에 관한 논의에서 비롯되었다. 집필을 마무리하던 무렵, 나는 번영을 위해서는 반드시 투자가 필요하다는 것을 분명히 깨달았다. 투자에는 자본이 필요하므로 자본에 대한 욕구를 충족시키는 것이 매우 중요하다. 예전에는 '자본주의'라는 말을 들으면, 가난에 허덕이는 노동자들을 착취해 자기 배를 불리는 자본가가 떠올랐다. 지금도 이 문제는 완전히 해결되지 않았고, 가난한 나라들에서 특히 그렇다.

자본은 수단일 뿐 목표가 아니다. 우리의 목표는 모든 사람이 자유와 번영을 누리는 것이다. 이를 위한 최선의 방법은, 사회 구성원 모두가 책임감 있게 행동하는 자유시장 체제를 지지하는 것이다. 자본주의와 불교의 조화는 바른 눈과 바른 일의 개념이 경제체제를 구성하는 하나의 필수적인 부분이 될 때 가능할 것이다. 이런 맥락에서 '책임감 있다'는 말은 바른 눈과 바른 일을 의미한다고 생각한다. 그리고 '책임감 있는 자유시장경제'라는 말이 '자본주의체제'라는 말을 대신하게 되기를 바란다.

개인 간의 빈부격차는 문명의 역사만큼이나 오래되었다. 그러나 과학지식, 기술, 부의 창출 메커니즘에 관한 지식 등은 과거에 비해 한층 발전했다. 모든 사람이 남부럽지 않은 생활을 할 수 있는 세상이 분명 가까이에 와 있다. 부디 많은 리더들과 조직들이 우리가 이 책에서 이야기한 여러 아이디어에서 영감을 얻어, 끈기와 열정을 갖고 그 세상을 향해 가는 데 노력해주기를 바란다.

감사의 말
라우렌스 판 덴 마위젠베르흐

이 책은 팀워크의 결과이다. 참여해준 모든 사람에게 감사
한다.

다람살라에서 이야기를 나누며 우리는 달라이 라마의 남동생인
텐진 초에걀, 달라이 라마의 개인비서이자 전직 승려이며 티베트
망명정부의 장관인 텐진 게체 테통, 다람살라의 티베트 도서관
관장 라크도르 스님의 건설적인 조언에 많은 도움을 받았다.

네덜란드의 얀 칼프(ABN 암로의 전 CEO)와 폴커르트 슈컨
(SHV의 전 이사)은 수정 원고가 나올 때마다 비즈니스맨들에
게 유용한 내용인지 확인해주고, 자신들이 오랜 경험을 통해
터득한 것들을 알려주기도 했다. 코르넬리위스 헤르크스트뢰
터르(셸의 전 CEO이자 ING 이사장)도 세계적인 기업, 특히 로

열 더치 셸에서 기업의 활동 원칙을 개발하고 실행한 경험을 우리에게 나눠주었다. 레너드 피치 경은 정부와 함께 일하며 터득한 것과 IBM에서 경험한 것들을 알려주었다.

태국의 P. A. 파유토 스님은 테라바다 불교에서 얻은 지혜를 우리에게 나눠주었다. 프라 아잔 수라삭 카마랑시는 나의 묵상을 이끌어주었다. 시리토른 루트닌과 티티나르트 나 파탈룽은 불교의 이치를 현실에 적용하는 데 실용적인 지침을 추가로 만들어주었다.

니컬러스 브릴리는 이 책에 담긴 메시지의 중요성을 일찌감치 알아보았다. 그는 많은 독자들이 쉽고 재미있게 읽을 수 있도록 이 책의 구조와 순서를 짜고 초점을 맞추는 아주 중요한 역할을 했다. 편집자인 샐리 랜즈델은 글을 매끈히 다듬어주었으며, 여러 장과 절들을 논리적으로 잘 정돈해주었다.

내 아들 외르헨이 없었다면, 이 프로젝트는 시작되지 않았을 것이다. 아들 덕분에 나는 티베트와 달라이 라마에게 관심을 갖게 되었다. 아내 마리아 피아는 일단 주제를 잡으면 다른 일에 대해서는 생각하지도, 말하지도 못하는 남편을 참아주었다. 내가 애덤 스미스를 다룰 때는 아내도 며칠 동안 아침 점심 저녁 식탁은 물론 잠자리에서도 내가 다음 주제로 넘어갈 때까지 애덤 스미스 이야기를 들어야 했다. 그런 아내와 아들에게 고마움을 전한다.

주

CHAPTER 01

1 인드라의 보석그물 그림은 http://commons.wikimedia.org/wiki/
   Image:Indrasnet.jpg에서 허락을 얻어 사용했다.
2 Robert H. Rosen, *Just Enough Anxiety: The Hidden Driver of Business
   Success*, Portfolio, 2008, p.15.
3 이 회사는 에너지, 운송, 소비재, 비공개 기업투자 등의 분야에 관여하고
   있다.

CHAPTER 02

1 Sherron Watkins, "Ken Lay still isn' t listening," *Time* 2006년 6월 5일
   자.
2 His Holiness the Dalai Lama, *The Universe in a Single Atom: The
   Convergence of Science and Spirituality*, Morgan Road Books, 2005,
   p.177.

CHAPTER 03

1 His Holiness the Dalai Lama, *Awakening the Mind and Lightening the
   Heart*, HarperCollins, 1995, p.56.
2 His Holiness the Dalai Lama and Daniel Coleman, *Destructive
   Emotions and How to Overcome Them*, Bloomsbury, 2003.
3 Amanda Ripley, *The Unthinkable: Who Survives When Disaster
   Strikes — and Why*, Random House, 2008.
4 Howard Cutler, "The Mindful Monk — Dalai Lama Interview,"
   Psychology Today 2001년 5월호.
5 His Holiness the Dalai Lama, *Transforming the Mind*, Thorsons, 2000,
   p.8.

6 Thubten Yeshe, *The Tantric Path of Purification*, Wisdom Publications, 1995, p.38.

7 Piet Hut, "Life Is a Laboratory," in Allan Wallace ed., *Buddhism and Science: Breaking New Ground*, Columbia University Press, 2003.

8 His Holiness the Dalai Lama, *Cultivating a Daily Meditation*, Indraprastha Press, 1991, p.110.

9 뉴저지 칼무크 몽골리언 불교 센터에서 행한 강연. www.Circle-of-Light.com/Mantras.

CHAPTER 04

1 Chester I. Barnard, *Dilemmas of Leadership in the Democratic Process*, Princeton University, 1939.

2 Jim Collins, *Good to Great: Why Some Companies Make the Leap ... and Others Don't*, HarperBusiness, 2001.

3 Jack Welch and Suzy Welch, "State your business. Too many mission statement are loaded with fatheaded jargon. Play it straight," The Welch Way, *BusinessWeek* 2008년 1월 3일자.

4 보더폰Vodafone 그룹의 사례이다.

5 Chester I. Barnard, *Dilemmas of Leadership in the Demoratic Process*, Princeton University, 1939.

6 Lama Thubten Zopa Rinpoche. 티베트 불교 보호재단Foundation for the Preservation of the Mahayana Tradition의 영적 지도자이다.

CHAPTER 05

1 Ven. P. A. Payutto, *Buddhist Economics: A Middle Way for the Market Place*. www.buddhistinformation.com/buddhist_economics.htm.

2 Samyutta Nikaya, I.89ff.

3 Anguttara Nikaya, I.12.

4 Digha Nikaya, 26, the Cakkavattisihanada Sutta and Kutadanta Sutta. Walpola Rahula, *What the Buddha Taught*, Atlantic Books, 2000(revd edn)을 참조하라.

5   Peter Senge, Foreword to Arie de Geus, *The Living Company: Growth, Learning and Longevity in Business*, Nicholas Brealey Publishing, 1999.

6   Ibid., pp.17~18.

7   Universal Declaration of Human Rights. www.un.org/Overview/rights.html.

8   Abraham H. Maslow, *Motivation and Personality*, HarperCollins, 1987(3rd edn).

9   Dhammapadatthakatha, III.262.

10 Fred Hirsch, *The Social Limits to Growth*, Routledge & Kegan Paul, 1976.

11 Richard Layard, *Happiness: Lessons from a New Science*, Penguin, 2005; Andrew Oswald, "How much do external factors affect wellbeing? A way to use 'happiness economics' to decide," *The Psychologist* 16, 2003, pp.140~141; E. Diener and R. Biswas-Diener, *Rethinking Happiness: The Science of Psychological Wealth*, Blackwell, 2008; Martin Seligman, *Authentic Happiness*, Nicholas Brealey, 2003.

12 Bruno Frey and Alois Stutzer, *Happiness and Economics*, Princeton University Press, 2002.

13 Mark Honigsbaum, "On the happy trail," *The Observer* 2004년 4월 4일자.

14 Frey & Stutzer, *op. cit.*

CHAPTER 06

1   Bruce Murphy, "In a generation, gap separating compensation of chiefs, others widens," www.jsonline.com 2004년 10월 9일자.

2   AmEx: Geoff Colvin, "AmEx Gets CEO Pay Right," *Fortune* 2008년 2월 21일자.

3   *FTSE4Good Index Series Factsheet*, 2007, FTSE Group.

4   OECE, *Annual Report on the OECD Guidelines for Multinational*

Enterprises 2007, Organisation for Economic Cooperation and Development, 2007. www.oecd.org.

5 *What Is the UN Global Compact?* www.unglobalcompact.org/AboutTheGC/index.html.

6 McKinsey & Company, *Shaping the New Rules of Competition*, 2007년 7월.

7 *2007 World's Most Ethical Companies*. http://ethisphere.com/2007-worlds-most-ethical-companies.

8 Fluor Corporation press release, 2007년 5월 21일.

9 *2007 World's Most Ethical Companies*. http://ethisphere.com/2007-worlds-most-ethical-companies.

10 Marc Gunther, "Money and morals at GE," *Fortune* 2004년 11월 15일자.

11 Tony Rice and Paula Owen, *Decommissioning the Brent Spar*, Routledge, 1999.

12 *Profits and Principles—Does There Have to Be a Choice?* Royal Dutch/Shell, 1999.

13 James Smith, "Putting what we learned from Brent Spar into practice," *Greenpeace Business* 2005년 4월호.

14 Rice & Owen, *op. cit.*

CHAPTER 07

1 1998년 12월 8일, 유네스코에서 행한 연설 "휴머니티와 세계화Humanity and Globalization"에서.

2 UNDP, *Human Development Report*, United Nations Development Programme, 2004.

3 Samuel Palmisano, "Multinationals have been superseded," *Financial Times* 2005년 6월 11일자.

4 IMB's Global Procurement Policy Statement. www.ibm.com.

5 "Tulsi Tanti: Windpower saved his first factory. Now he wants to harness it to help save the world," *Time* 2007년 10월 29일자; Rebecca Bream and Fiona Harvey, "Suzlon plans to double wind turbine

capacity," *Financial Times* 2007년 10월 29일자; "Indian firm wins wind power fight," BBC News. newsvote.bbc.co.uk.

6 Malcolm Doney, *Cutting Carbon*, Department for International Development 39, 2007.

CHAPTER 08

1 2001년 6월 2일, PBS의 만모한 싱 박사 인터뷰.

2 이 아이디어를 처음 내놓은 사람은 페루의 자유와 민주주의 연구소Institute for Liberty and Democracy의 설립자이자 소장인 에르난도 드 소토이다. Hernando de Soto, *The Other Path: Invisible Revolution in the Third World*, Basic Books, 1989; *The Mystery of Capital*, Basic Books, 2001.

3 *World Development Report 2005*, World Bank, p.246.

4 *Doing Business in 2004*, World Bank, 국가별 도표.

5 "What is microcredit?" Muhammad Yunus, 2007년 9월. www.grameen -info.org/bank/whatismicrocredit.htm.

6 *Ibid.*

7 BRAC에 관한 정보는 www.brac.net/history.htm에서 가져왔다.

8 "International Committee of Religious Leaders for Voluntary Family Planning calls on President Bush to release $34 million for UNFPA," *Progressive Newswire* 2002년 4월 30일자.

9 1996년 9월 28일에 행한 연설. www.dalailama.com.

10 인용된 수치와 예측은 미국인구통계연구소Population Reference Bureau에서 가 져왔다.

11 유니레버의 기업목표 선언문. www.unilever.com.

12 "Helping Women, Creating Entrepreneurs." www.unilever.com.

13 *Financial Times* 2005년 12월 7일자.

14 이 사례연구에 관한 정보는 "Indonesia: Exploring the links between welath creation and poverty reduction." www.unilever.com; Jason Clay, "Exploring the case study of Unilever in Indonesia," Oxfam GB/Norib Oxfam Netherlands/Unilever, 2005. www.oxfam.org.uk에 서 가져왔다.

15 1993년 2월 18일, 태국 방문 시 버마에 대해서 한 말.

16 2007년 10월 18일, 미 의회 금메달Congressional Gold Medal 수여식에서 행한 수락 연설. www.dalailama.com/news.171.htm.

CHAPTER 09

1 2007년 10월 21일의 연설 중에서. www.dalailama.com/news.174.htm.

2 2008년 3월 18일 보도자료. www.dalailama.com/news.218.htm; 49번째 티베트 국제 봉기일에 대한 발언. www.dalailama.com/news.215.htm.

3 *China and the Four Modernizations*, The Library of Congress Country Studies. www.country-studies.com.

4 Adam Smith, *An Inquiry into the Nature and Causes of the Wealth of Nations*, Edinburgh, 1776.

5 *Ibid.*, Book 4, Chapter 2.

6 Friedrich F. Hayek, *The Constitution of Liberty*, University of Chicago Press, 1960, p.74.

7 _____, *The Road to Serfdom*, University of Chicago Press, 1944, p.124.

8 달라이 라마의 연설 중에서. www.dalailama.com/page.45.htm.

9 달라이 라마의 연설 중에서. www.dalailama.com/page.86.html.

10 달라이 라마의 연설 중에서. www.cosmicharmony.com/Tibet/DalaiLama/DalaiLama.htm.

11 *Ibid.*

12 Mohandas K. Gandhi, *All Men Are Brothers: Autobiographical Reflections*, ed. *Krishna Kripalani*, Continuum International, 1980, p.142.

13 인도에서 행한 연설 중에서. www.spiritsound.com/bhiksu.html.

지은이

달라이 라마 (텐진 갸초)

세계에서 가장 영향력 있는 지도자이며, 티베트 망명정부의 영적 지도자로서 50년 넘게 티베트 인들을 이끌고 있다. 1989년에는 인류의 평화를 위한 노력과 환경 파괴를 막기 위해 애쓴 공로를 인정받아 노벨 평화상을 수상했고, 2007년에는 인권 신장을 위해 노력한 공로로 미국에서 민간 인에게 수여하는 최고의 영예인 의회 황금메달을 받았다.

라우렌스 판 덴 마위젠베르흐

세계적인 경영 컨설턴트로 영국, 독일, 프랑스, 이탈리아, 네덜란드, 스웨덴, 덴마크, 미국, 칠레, 바레인, 인도, 일본 등지에서 활동했다. 주로 기업의 조직 관리와 최고경영진의 실적을 향상시키 는 프로젝트에 참여했다.

옮긴이

김승욱

성균관대 영문과를 졸업했으며 뉴욕시립대 대학원에서 여성학을 공부했다. 동아일보 기자를 거 쳐 지금은 전문 번역가로 일하고 있다. 옮긴 책으로 『동굴』 『소크라테스의 재판』 『나이 들수록 왜 시간은 빨리 흐르는가』 『풀리처』 『영원한 어린아이 인간』 『아스피린의 역사』 『신은 위대하지 않다』 『행복의 지도』 『멀쩡함과 광기에 대한 보고되지 않은 이야기』 등이 있다.

리더스 웨이

초판인쇄 2009년 3월 2일 | 초판발행 2009년 3월 10일

지은이 달라이 라마, 라우렌스 판 덴 마위젠베르흐 | 옮긴이 김승욱 | 펴낸이 강병선

책임편집 최지영 오경철 이수은 | 저작권 김미정 한문숙
마케팅 방미연 이지현 | 제작 안정숙 김정후

펴낸곳 (주)문학동네 | 출판등록 1993년 10월 22일 제406-2003-000045호
주소 413-756 경기도 파주시 교하읍 문발리 파주출판도시 513-8
전자우편 editor@munhak.com | 전화번호 031) 955-8888 | 팩스 031) 955-8855

ISBN 978-89-546-0778-0 03320

www.munhak.com